Les Lettres Et Poesies De Madame La Comtesse De B.

Charlotte Saumaise De Chazan De Bregy

LES
LETTRES
ET
POËSIES
DE MADAME
LA COMTESSE DE B.

A LEYDE,
Chez ANTOINE DU VAL, prés de
l'Academie.

M. DC. LXVI.

AU
LECTEUR.

SI l'on vous donne souvent des ouvrages faits par des hommes, ce n'est pas que les Dames ne soient capables d'en faire ; mais c'est que cét aymable sexe a tant de sortes de divertissemens, qu'il a peine à s'y occuper. Ce Recüil cependant fait voir qu'il sçait employer quelquefois assez agreablement quelques heures à escrire des Lettres. La Poësie ne luy est pas mesme inconnüe , les E-

A 2   legies

AU LECTEUR.

legies & les Stances qui sui-
vent ces Lettres, sont des preu-
ves que les Dames excellent
bien souvent dans cét art. Je
souhaitterois avoir un plus
grand nombre de pieces de celle
dont je vous donne ce petit Re-
ceüil, je ne diray pas son nom,
parce que le Pourtrait qu'elle
fait d'abord de soy-mesme, la
fera assez connoistre à ceux
qui ont pratiqué tant soit peu
la Cour de France.

LE

LE
PORTRAIT
DE

Madam: la Comtesse de B....
fait par elle-mesme.

QUELQUE verité que je suive en faisant ce Tableau, & quelque soin que je prenne, que la fidelité que doit une Copie à son Original, luy soit exactement gardée; avec tout cela je ne pretends pas éviter les divers jugemens de ceux qui le verront. J'en seray tousiours neanmoins satisfaite

A 3   par

par la complaisance qui m'en demeure ; que si mes ennemis pouvoient me representer avec plus de
deffauts, mes amis pourroient peut-
estre bien aussi me dépeindre avec
plus d'avantages. De maniere que ce
portrait pouvant venir d'une main
indifferente, je puis sans honte a-
voüer qu'il sort de la mienne , &
que c'est de moy-mesme que vous
apprendrez le bien & le mal qui s'y
treuve.

Ma personne est de celles, que
l'on peut plustost dire grandes que
petites ; la taille en est des mieux
proportionnées ; & il s'y treuve certain air galand & negligé, qui m'a
tousiours persuadé que j'estois une
des plus belles tailles de ma gran-
deur; mes cheveux sont bruns &
lustrés, mon teint est parfaitement
uny, la couleur en est claire, brune
& fort agreable; la forme de mon
visage est ovale, tous les traits en
sont reguliers; les yeux beaux, &
d'un

d'un meſlange des couleurs, qui les
rend tout à fait brillans; le nez eſt
d'une agreable forme; la bouche
n'eſt pas des plus petites, mais elle
eſt agreable, & par ſa forme, & par
ſa couleur; & pour les dents, elles
ſont blanches & rangées juſtement,
comme le pourroient eſtre les plus
belles dents du monde; la gorge
aſſez belle; & les bras & les mains
ſe peuvent monſtrer ſans honte.
Tout cela eſt accompagné d'un air
vif & delicat, & mon miroir m'a
ſouvent fait croire qu'il me mon-
ſtroit une choſe qui valoit bien tout
ce que je pouvois voir ailleurs. Je
parois auſſi jeune que perſonne, bien
qu'il y en ait beaucoup d'autres qui
le ſoient plus que moy; je ſuis propre & m'habille bien: voy-la à peu
prés ce qui compoſe mon exterieur.
Pour mon eſprit, il me ſemble que
les autres en pourroient mieux juger que moy, parce qu'il ne ſe trouve point de miroir comme pour la

A 4　　　　pet-

personne, où l'on le puisse voir fidellement representé : neanmoins il
me semble, qu'il y a grand rapport
entre mon esprit & mon corps; je
m'imagine l'avoir delicat & pene-
trant, & mesme assez solide; & la
raison en quelque part que je la treuve, a plus de pouvoir sur moy que
nulle autre sorte d'authorité. J'ay
l'esprit assez propre à bien juger des
choses, quoy que je n'aye aucun acquis; & je me sçay si mal servir du
bien d'autruy, que mon simple naturel me reüssit mieux que les regles
& l'art : de sorte qu'il faut que j'en
demeure à ce qui s'est treuvé né a-
vec moy. Je n'ay pas laissé d'avoir
oüy dire (sans l'avoir jamais crû)
que les heures de ma conversation
passoient pour le moins aussi vistes
qu'aucune autre; & que du costé
du serieux, mes sentimens estoient
une assez bonne chose à suivre.

Pour mon humeur, qui est par
où je dois achever icy de me faire
con-

connoiftre; je vous diray avec fincerité comme je l'ay faite du refte ce
que j'en penfe. J'aime trop la loüan-
ge, & c'eft ce qui me l'a fait rendre
avec ufure à ceux de qui je la reçois;
j'ay le cœur fier & dédaigneux, mais
je ne laiffe pas d'eftre douce & civile;
je ne m'oppofe jamais au fentiment
de perfonne; mais il eft vray qu'in-
terieurement je ne les reçois gueres
au prejudice des miens; je puis
dire avec verité, que je fuis née fa-
ge & modefte, & que l'orgueil prend
toufiours foin de conferver en moy
ces deux bonnes qualitez; j'ay de la
pareffe, & fuis fort glorieufe, &
ces deffauts m'en donnent d'autres;
car ils me font eftre peu flatteufe &
recherchante; & de peur d'en faire
trop, fouvent je manque d'en faire
affez; cela eft mefme caufe que je
ne cherche pas les plaifirs & les di-
vertiffemens; mais lors que l'on
prend plus de foin que moy-mefme
à me les procurer, l'on m'oblige;

A 5 &

& j'y parois fort gaye, bien que je ne
la fois pas trop: j'ay beaucoup d'é-
gard à n'offencer jamais perfonne,
fi l'on ne m'y force par un defobli-
geant procedé. Et bien que peut-
eftre je peuffe agreablement tourner
une raillerie, l'on ne m'en entend faire: Et j'ay pris averfion de la moc-
querie, parce que je trouve qu'on la
commence par fes ennemis, & qu'on
la finit par fes meilleurs amis. Je
n'ay pas l'efprit porté à l'intrigue,
mais quand je feray entrée dans une
affaire, je penfe affeurement m'en
démefler avec quelque conduite. Je
fuis conftante jufques à l'opiniaftre-
té, & fecrette jufques à l'excés; &
en ce que je va dire, je me confeffe
une des plus injuftes perfonnes du
monde; c'eft de vouloir du mal à
ceux qui ne font pas ce que je defire,
& de ne me pouvoir refoudre à leur
faire connoiftre. Pour lier d'amitié
avec moy, il en faut faire toutes les
avances ; mais je repare bien cette
peine

peine par les fuittes ; car je fers mes
amis avec toute l'ardeur qu'on a
accouftumé d'employer feulement
pour fes particuliers interefts ; je les
loüe & je les defend, fans jamais
convenir de rien qui foit contre eux ;
& leur eftant plus fidelle que flatteufe, les avance fouvent mieux, qu'eux
mefmes voyent combien je les ayme.
Le temps qui prefque toufiours effa-
ce le fouvenir des chofes, ne fert
qu'à les graver plus profondement
dans le mien ; je n'ay point l'ame in-
tereffée, mais auffi ne fuis-je pas du-
pe ; & ne choififfant point mes amis
parce qu'ils me peuvent eftre utils ;
lors que la fortune les met en place
de le devenir, & qu'ils ne me le font
pas, je ceffe de les aimer, parce qu'ils
ne meritent plus de l'eftre. Je n'ay
point affez de vertu pour eftre fans
le defir du bien & des honneurs ;
mais j'en ay trop pour fuivre aucuns
des chemins qui y peuvent conduire ;
j'agis dans le monde felon ce qu'il

A 6   devroit

devroit eftre, & trop peu felon ce
qu'il eft; & en cela je me blâme de
vouloir les avantages qui s'y treuvent, & de ne pas fuivre les moiens
qui les donnent. Et pour dire le vray,
je ne fuis ny auffi bonne, ny auffi mé-
chante, qu'il me feroit utile de l'e-
ftre; je ne fuis point devote, mais
toute ma vie j'ay eu paffion de la devenir, & ne m'en pouvant donner
d'avantage, j'attend le refte : je
fuis fort touchée du merite des autres, & en chemin faifant; je pourrois bien avoir trop bonne opinion du mien particulier, mais ma
prefomption en veut plus à l'eftime
qu'au cœur: je fuis trop longue à
me refoudre, mais lors que je la fuis,
il eft bien mal-aifé de me détourner
de mon choix : je fuis la perfonne du
monde qui obferve plus religieufe-
ment ce que j'ay une fois promis, &
qui fupporte avec plus d'impatience le manquement contraire: je fuis
trop facile à rebutter, & dans les
choſes

chofes qu'il faut obtenir par prieres,
j'aime beaucoup mieux les abandonner, que de les pourfuivre : de forte qu'on me tient mieux par la re-
connoiffance que par l'efperance. Et
pour dernier coup de pinceau, je
vous puis dire, que les fautes d'un
cœur bas ne feront jamais les miennes, mais que c'eft dans les deffauts
que l'orgueil peut donner, qu'il faut
que je m'obferve ; & voyant que je
ne le pouvois deftruire, je luy ay
donné en moy des employs qui me
mettent en eftat de regarder fans
honte un pourtrait qui me reffem-
ble.

Je vous envoye celuy-cy qui eft
un effort de ma complaifance, mais
je ne la borne pas feulement pour
vous à cette contrainte; & fi aprés
vous avoir fidellement reprefenté
ce que je fuis, vous voulez que je
fuis autre, ne le pouvant du cofté
de ma perfonne, ny de celuy de
mon efprit, ordonnez dans l'humeur

meur, & foyez affurée que vos loix
feront preferés à mes propres incli-
nations, puis qu'il n'en eft point en
moy de fi forte que celle de vous plaire, ny de paffion plus grande, que
celle de vous revoir parmy ceux à
qui voftre abfence rend le monde
privé de tout ce qui le pare le mieux.

LETTRE I.

A la Reyne Mere.

IE fuis perfuadée, Madame, que
je me dois haïr moy-mefme, de
me treuver capable de plaindre la
mort d'une perfonne qui a perdu la
vie pour le fervice de Vos Majeftez,
moy qui croirois que le bonheur de
la mienne feroit de perir pour la mefme chofe; mais puifque je fuis d'un
fexe, qui ne peut que fouhaitter là
deffus, ce que mes freres ont exe-
cuté ; je fupplie tres-humblement
Voftre Majefté, que mes fentimens,

&

& ce qu'ils ont fait pour voſtre ſervice vous parlent en leur faveur,
dans la rencontre qui ſe preſente,
en accordant la Charge de celuy qui
a eſté tué, à l'un de ceux qui reſtent
encore. Celuy qui vient de mourir,
l'avoit achetée de ſon argent pour
luy, & la vient de payer de ſon ſang
pour ſon frere; ſans que neanmoins
j'y pretende d'autre droit, que celuy
que nous y donnera la bonté de Voſtre Majeſté; je me ſerois donné
l'honneur d'en écrire à ſon Eminence, ſi je ne craignois que l'importunité
qu'il reçoit de mes particulieres pre-
tentions le rebutaſt de mes demandes
en cette occaſion, où ſans doute il
me deviendra favorable, ſi Voſtre
Majeſté luy témoigne qu'il luy eſt
agreable de nous voir protegez.

LET-

LETTRE II.

A Madame la Comtesse de Soissons sur la mort de Madame de Mercœur.

SI j'ay pris part, Madame, à la premiere de vos pertes, par la sensibilité que j'auray tousiours pour toutes les choses qui vous toucheront ; la seconde que vous venez de faire, n'a eu besoin que de sa propre consideration pour me donner de la douleur , & pour me causer une surprise , qui ne me permet pas de vous rien dire dans une rencontre, où le coup qui a tué Madame de Mercœur, blesse tous ceux, qui avoient l'honneur de la connoistre, & par consequent doit estre si rude au souvenir de ses proches, que l'on ne peut les prier d'adoucir leur douleur, que par la pensée qu'ils doivent avoir, qu'une vie aussi belle & aussi innocente , que l'estoit la sienne,

ne, ne peut donner à craindre les
fuittes d'une mort precipitée. Aprés
avoir plaint & regretté la perte que
le monde fait d'elle, fi les fouhaits
avoient lieu en cette rencontre, les
miens feroient, Madame, que les
belles années, que la jeuneffe dè
Madame de Mercœur luy promettoient encore, foient adjouftées à
celles que Monfieur le Cardinal doit
vivre, & que tout le bonheur qui fe
devoit partager entre deux fœurs, fe
reünifle à voftre fortune, pour vous
en donner une auffi douce & auffi
grande que vous la defirez.

LETTRE III.

A Madame de Longueville fur les
Sonnets de Job & d'Uranie.

IOb dans les fiecles paffez ne fut
guere plus humilié, que je le
fuis aujourd'huy, d'apprendre que
j'ay pû me treuver contraire à l'opinion

nion de Voftre Alteffe; car fi je n'a-
vois pas affez de fens pour m'y rendre
conforme, mon efprit de devination
devoit fervir l'autre en cette rencontre, & ne luy pas laiffer la honte de
fe voir oppofé à des fentimens que
j'ay toufiours reconnu pour une regle, avec laquelle l'on ne fçauroit
faillir. Mais puifque j'ay pris la caufe de Job, plus malheureux parce
qu'il fouffre de vous, que par tous
les premiers maux, trouvez bon,
Madame, que je vous demande la
foirée du Jeudy pour aller deffendre
un malheureux, à qui le diable a ti-
nement fufcité voftre perfecution,
comme le feul moien pour luy faire
perdre cette patience, qu'il garde
depuis tant de fiecles, & qui ne fe
peut pas conferver quand on eft mé-
prifé de vous.

LET.

RESPONSE

De Madame de Longueville à Mada-
me de B. . .

VOſtre Lettre a fait plus de bien
aux Sonnets de Job, que Ben-
ſerade meſme, & elle me donne un
ſi grand regret de n'avoir pas eu des
ſentimens conformes à ceux de la
perſonne qui l'a eſcrite, que ſi elle
ne me fait changer, elle me fait au
moins condamner les miens, & me
fait donner par là une preference à
Job, que je luy avois touſiours re-
fuſée, tant qu'il n'y euſt eu que luy,
qui eut parlé pour luy-meſme; voy-
là je penſe tout ce qu'une perſonne
genereuſe peut faire pour un party
dont elle n'eſt pas; & je vous aſſeure que ſi le voſtre n'eſt celuy de mon
choix, il eſt devenu au moins celuy de mon eſtime, par celle que
vous avez teſmoigné que vons fai-
ſiez

fiez en le choififfant. Je feray ravie
que vous veniez Jeudy difputer la
caufe de Job; mais je vous advertis
au moins, que ce ne fera plus que
contre mes fentimens paffez, ne
pouvant confentir d'eftre contraire
aux voftres.

LETTRE IV.

A Madame la Duchesse de Lesdiguieres.

IE penfe qu'il y a un charme qui
empefche, que je ne puiffe avoir
l'honneur de vous voir; mais comme il ne peut eftre fi fort que tous
les voftres, il ne peut rien auffi fur
l'impatience que j'ay de paffer une
journée avec vous. Mandez moy,
s'il vous plait, Madame, celle que
vos affaires vous laifferont en voftre
difpofition, puifque j'ay fi mal reüf-
fy par moy-mefme, à la pouvoir de-
viner; vous me parûtes fi belle a-
vanthier, quand je vous rencon-
tray,

tray, que je ne crois pas qu'en con-
fcience vous puiffiez folliciter vos
Juges avec un vifage fi propre à vous
faire favorifer dans les plus grandes
injuftices : neanmoins faittes toutes
celles qu'il vous plaira , pourveu
qu'il ne vous prenne pas envie d'aller jufqu'à priver de l'honneur de
voftre amitié une perfonne qui eft
autant que je fuis , Voftre &c.

LETTRE V.

*A Monfieur l'Abbé Bourdelot , Mede-
cin de la Reyne de Suede.*

QUi eut jamais penfé que l'on
eut eu de la peine à démefler,
qui de vous ou d'un Allemand a fait
une chofe, où je n'avois jamais pû
croire que vos manquemens fuffent
en rien femblables à ceux de cette
Nation-là. Cependant je ne fçay fi
vous ayant mandé que j'eftois malade, voftre Laquais Allemand, à qui
l'on

l'on a parlé, aura oublié à vous le dire ; ou si vous avez oublié d'y venir, en tout cas la faute est Alleman-
de, si l'homme ne l'est pas ; mais si
vous avez envie de la reparer, que
ce soit Vendredy à quatre heures ;
car je seray bien aise que vous &
la fievre veniez en mesme temps,
croyant que vous treuverez moien
de la chasser, ou du moins de la faire oublier par vostre conversation.

LETTRE VI.

*A Madame de Sully Carmelite, qui
luy avoit envoyé une teste de mort
dans un pannier de Roses.*

VOus m'avez bien ce matin ca-
ché le serpent sous les fleurs,
en m'envoyant une chose, que la seule innocence de vostre vie peut regarder sans crainte ; pour moy à qui
il faut de plus douces images, je
m'en tiens à celle de vostre personne,
pour

pour sujet de ma meditation , & pour
une preuve que l'on peut méprifer
le monde , puifque vous l'avez fait
malgré les ornemens qu'il avoit pris
pour vous plaire ; priez Dieu qu'il
reüffiffe fi mal dans toutes fes entre-
prifes , & particulierement , ma chere Sœur , quand il voudra prendre
plus de place dans mon cœur , qu'il
ne m'eft permis de luy en donner ; &
comme c'eft une chofe difficile par
ma foiblefle de ce pouvoir haïr , je
me ferviray de vos exemples pour
m'inftruire là deffus, & vous deman-
deray vos prieres , que vous ne pouvez accorder à perfonne qui foit plus
que moy. Voftre , &c.

LETTRE VII.

A Madame la D. de R.

TOut le monde croit icy , Madame , qu'il n'y a que huit jours
que vous eftes partie ; mais pour
moy ,

moy, il se pourroit passer des années
moins longues; & l'inquietude où
j'en suis dé-jà, me conduit seule vous
chercher dans les promenades où
nous allions ensemble, où j'ay treuvé que les fleurs de ces lieux-là se
sont laisser mourir depuis vostre dé-
part, & que les autres refusent d'y
naistre jusqu'à vostre retour : de forte que la belle saison qui croit seule
embellir toutes choses, est bien hon-
teuse de voir, que c'estoit vous; &
de nous treuver persuadez que vostre presence nous donnoit de plus
beaux jours qu'elle. Tout le monde,
Madame, pourroit vous dire les
mesmes choses, car je les tiens bien
aisez à penser pour vous; mais personne, Madame, ne pourroit vous
les dire avec plus de joye en vous
voyant, ny avec plus du chagrin en
ne vous voyant pas, lequel s'augmente quand je viens à songer que
ma Lettre pour aller jusqu'à vous
passe une mer, dans laquelle peut
estre

eſtre vous avez laiſſé perir le deſſein
de retourner en France;où cependant,
Madame, vous avez acquis des perſonnes qui ne veulent rien changer
en celuy qu'ils ont pris de vous aimer toûjours. Voy-là ce qui ſe fait
pour vous, Madame, dans les lieux
où je ſuis , prenez donc quelque
ſoin que dans ceux où vous eſtes,
une perſonne qui vous honore comme je fais, n'y ſoit pas oubliée.

LETTRE VIII.

A Madame la Comteſſe de Guillefort.

VOus m'avez laiſſé, Madame, tant
d'eſtime pour vous, qu'il eſt
bien juſte que vous ayez emporté
quelque bonté pour moy, & que cela vous empeſche d'effacer de voſtre
ſouvenir une perſonne qui vous conſerve dans le ſien, à l'endroit où je
retiens les portraits de la vertu, jugez donc, Madame, puiſque voſtre
B   ſouve-

souvenir eft utile pour mon exemple, combien voftre amitié le fera
pour ma joye, & de quelle forte je
recevray toûjours les nouvelles de
celle dont je ne veux jamais ceffer
d'eftre & tres-humble & tres-obeïf-
fante fervante.

LETTRE IX.

A Madame la D. de L.

I E vous avoüe, Madame, que je
ne m'attendois plus aux marques
de voftre fouvenir, aprés les avoir
veu ceffer fi long-temps, & qu'en
quelque façon je me treuvois bien-
heureufe que vous me donnaffiez
moien d'oublier une perfonne de qui
le fouvenir ou la prefence empef-
cheroient toûjours de connoiftre les
fujets que l'on a de fe plaindre d'elle,
puifque tout ce qui eft aimable en
vous, repare fi bien ce qui s'y pourroit treuver de mauvais, qu'il me
                                     faut

faut ny vous voir, ny vous entendre,
pour prendre des refolutions con-
traires à ce qu'il vous plaira ; je l'ay
bien veu par les miennes qui eftoient
de vous ofter un cœur, de la paffion
duquel vous n'aviez pas bien ufé ;
mais dés que voftre billet a voulu
vous juftifier, j'ay tout oublié, & ne
me fuis fouvenu que de l'envie que
j'ay de vous revoir, & que vous
m'aimiez encore. J'iray aujourd'huy,
puifque vous gardez la chambre,
vous prier de n'eftre plus fi aimable,
ou de vouloir bien eftre auffi bonne,
je vous donne mille bon jours.

LETTRE X.

A Madame la M. de B.

JE me réjoüis de fçavoir que voftre bleffure vous donne de la
gloire, & vous laiffe la vie aprés les
fafcheux doutes où l'on avoit efté que
vous la perdriez : je fouhaitteray

pour

pour la satisfaction de vos amis ,
voir aller voftre recompenfe auffi
vifte que voftre guerifon ; mais les
graces de la Cour n'avancent d'ordinaire chemin que par de bas moyens
que vous ne fuivez pas, ainfi l'on fe
réjoüira pluftoft de voftre fanté , que
de voftre fortune; mais pour quitter un propos qui rameneroit à voftre fouvenir des chofes qui ne luy
plairoient pas, je vous diray que
j'ay la plus grande joye du. monde
d'apprendre la guerifon du Roy , fa
maladie m'a fait connoiftre que je
l'aimay mille fois plus que je ne penfois; car j'eftois fi touchée de fon
mal , qu'à me voir on eut crû que
j'eftois la perfonne du monde qui a-
voit plus de fujet de le regretter , &
fans vouloir vous faire ma cour , je
vous diray que bien que j'aime &
honore Monfieur , j'avois efté au
defefpoir de le voir dans un rang où
il n'auroit pû monter qu'aux defpens
de fon Frere. Si je n'eftois malade
depuis

depuis cinq femaines, j'irois à Com-
peigne rendre mes refpeⅽts à leurs
Majeftez : en mon abfence je vous
fupplie de dire à la Reyne ce qu'il faut
là deffus , jufqu'à ce que je puiffe
moy-mefme donner mes affiduitez à
la Cour, & vous dire en ce pays-là
que je fuis. Voftre , &c.

LETTRE XI.

A Madame la D. de L.

LEs perfonnes qui ont-l'honneur
de vous connoiftre toute entiere,
vous doivent fi parfaitement honorer par la raifon de voftre merite,
qu'ils n'ont plus de quoy augmenter
leurs fentimens là deffus, quand il
eft queftion de fatisfaire à la reeon-
noiffance de quelque obligation , &
comme je vous en fuis fouvent redevable, il eft jufte que vous fçachiez
ce qui pourroit caufer mon ingrati-
tude que vous treuverez excufable,

quand

quand vous fçaurez qu'elle ne vient que de vous avoir payée par advance de toutes les bontez que vous avez jamais pour moy, m'eſtant attaché de la plus forte maniere du monde d'eſtre Voſtre, &c.

LETTRE XII.

A la meſme.

IE n'aurois pas voulu que mes divertiſſemens euſſent precedé la lettre que je me ſuis donné l'honneur d'eſcrire à Voſtre Alteſſe, auſſi n'ay-je eſté qu'à une ſeule aſſemblée au Louvre le dernier jour du Carnaval, où je m'eſtois creu ſi diſſemblable de ce qu'on a repreſenté à Voſtre Alteſſe, que je n'y avois pour toute ſeureté que la ſeule indifference que je reſſentois pour toutes les loüanges: ce n'eſt pas que ce que je vous dis paroiſſe avoir de rapport avec les maſquarades dont j'ay eſté,

esté, mais en verité je puis dire que c'estoit seulement mon chagrin que je déguisois, & non pas ma personne. Vostre Altesse aura pû sçavoir combien on a masqué cette hyver, & que Madame de Chastillon a esté treuvée bien, toutes les fois qu'elle s'est monstrée en cét estat-là : pour moy je ne l'y ay point veüe, mais j'en juge par celuy où je la vois tous les jours au Louvre, où la faveur acheve de donner à sa beauté ce qui luy est necessaire, & enfin par elle & par beaucoup d'autres, le monde est si beau, que l'absence de Vostre Altesse ne devroit pas s'opposer toutte seule à le faire treuver plus aimable qu'il ne fut jamais ; si les souhaits pouvoient causer sa presence, l'on me devroit bien-tost son retour, puis qu'il est certain qu'il n'y a personne qui ait tant d'impatience de la revoir que moy, ny qui conserve pour elle un plus veritable respect.

LETTRE XIII.

A Monsieur le Duc de B.

LEs remercimens que vous me faites de vous avoir donné un a-my d'un prix ineſtimable, ne me ſont pas deus, puiſque le rapport qui ſe treuve entre vous, eſt la plus grande cauſe de voſtre liaiſon, de maniere que tout au plus vous ne m'eſtes obligé que de vous avoir preſſé de connoiſtre quelqu'un qui fût digne de voſtre amitié, vous qui m'avez dit tant de fois que le dégouſt ou le danger vous avoit empeſché juſqu'icy de choiſir un amy à tout dire; vous avez grand ſujet pour cecy de n'eſtre point retenu par aucunes de ces raiſons-là, puiſque pour loüer infiniment Monſieur de.... il ſuffit de vous dire, que ſon eſprit eſt moins aimable que la ſincerité dont ſe treuvent accompagnées toutes ſes actions, de ſorte que vous eſtant dif-ficile

ficile de me recompenſer de l'acqui-
ſition que je ſuis cauſe en partie que
vous avez faite , je pretend bien que
vous m'en deviez un peu de reconnoiſſance , ſans que la voſtre puiſſe
diminuer en rien celle de voſtre nou-
vel amy, de ce qu'il me doit par toute
la joye & les avantages que luy cau-
ſeront l'amitié d'une perſonne comme vous, & que l'on ne ſçauroit loüer
les autres ſans ſe ſouvenir en meſme
temps , qu'ils vous ſont inferieurs
en toutes choſes.

LETTRE XIV.

A Madame la Marechalle de la Melleraye.

LEs marques de voſtre ſouvenir
me ſont venuës ſeulement pour
ma joye, car pour mon amitié elles
n'y eſtoient pas neceſſaires , & vous
laiſſez, Madame, un ſouvenir ſi propre à vous la conſerver, que vos ſoins
n'auroient pas meſme affaire de ſe

meſler

mesler de vos interests là dessus, si
ce n'est pour vous monstrer assez e-
quitable pour ne pas manquer de sensibilité pour les personnes qui en auront toûjours une fort grande pour
vous : vostre absence m'apprend
combien j'en ay pour vous, m'estant
fort difficile de m'accoustumer à la
necessité de ne vous voir pas, je fais
mille souhaits pour vostre retour, &
pour vous retreuver aussi bonne pour
moy, que vous estes aimable.

LETTRE XV.

A Monsieur le Président G.

BIen qu'il ne soit pas ordinaire de
se plaindre des injustices qui se
font à nostre avantage, il m'est neanmoins si naturel de les haïr en quelque
part qu'elles se treuvent, que je ne puis
m'empescher de vous reprocher celle
que vous avez faite en écrivant & en
parlant de moy fort au dessus de ce qui
s'en

s'en doit dire, & par le cas que vous
voyez que je fais de la verité, ne
pouvant souffrir qu'on me prefere à
elle, il vous sera aisé de juger que
je prend grand soin dans toutes les
choses que je dis, de ne la blesser jamais : cela estant vous devez une
foy toute entiere à l'asseurance que
je vous donne que rien ne me sera
plus agréable que quelque grande
occasion de vous rendre service, a-
prés quoy vous fussiez excusable par
reconnoissance de l'exaggeration que
vous apportez au bien que vous dites
de moy. J'ay sçeu par Monsieur vostre Frere que vous retournez à Paris, & je treuve que c'est avec raison que vous le preferez à la Provin-
ce, dont toutes les fleurs & les fruits
ne valent pas nos peines ; les gens
d'esprit treuvant encore mieux leur
compte dans tous les embarras de Paris, que dans l'oisiveté des lieux qui
ne paroissent agreables qu'à ceux qui
ont plus de plaisir à voir qu'à enten-

dre

dre, revenez donc icy où vous e-
stes desiré de toutes les personnes qui
ont l'honneur de vous connoistre,
& croiez qu'en tout leur nombre il
n'y en a point qui soit plus que moy.
Vostre, &c.

LETTRE XVI.

A Madame B...

EN verité, Madame, si vous estiez
aussi bonne que vous estes belle,
vous prendriez plus de soin que vous
ne faites de finir une absence dont
vous ne pouvez douter que la lon-
gueur ne cause de la peine à ceux que
vous avez laissé. Il y a de l'injustice
à vouloir vostre repos par une chose
qui déplaist à tant d'autres: pour ces-
ser d'estre injuste, hastez vostre retour
& revenez, Madame, par vostre presence donner un ornement à Paris,
& une satisfaction à celle qui vous y
honore plus que nulle autre ne sçau-
oit faire.   LET-

LETTRE XVII.

A Madame la D. de R.

VOstre longue abſence m'incom-
mode, & voſtre lettre m'acheve
de me perſuader que vous avez deſſein de baſtir un hermitage pour là ne
plus penſer ny aux autres, ny à vous
meſme : croiez moy, Madame, vous
n'eſtes point faite comme une choſe
qui faille abandonner ; l'edifice n'eſt
point en ruine, tous les ornemens y
ſont en leur premiere beauté, & le
marbre en eſt encore trop blanc &
trop poly, & tout ce qu'il y a de beau
en voſtre corps, & de bon dans voſtre
eſprit, ne vous ſçauroit permettre d'e-
ſtre comme ſes vieux chaſteaux où ne
nichent plus que des oyſeaux de mau-
vaiſe augure, j'entend les penſées de
la mort : ne deſtruiſez donc pas tant
de belles choſes par l'ennuy de la ſolitude, & s'il eſt vray que vous ſoiez devote

vote, venez servir Dieu à la veüe de
ses ennemis , autrement je croiray
qu'il vous faut de grandes precau-
tions contre le monde , ou peut-estre
contre quelqu'un qui s'y treuve ;
car enfin je suis resolüe de vous of-
fenser, si vous m'ostez la joye de vous
revoir comme vous estiez. C'est
deshonorer la devotion de croire
qu'il se faille defigurer pour la suivre, les Anges sont si beaux , & vous
leur ressemblez si bien en toutes ma-
nieres, que comme à eux on pourroit vous donner le soin de nous conduire, ne faites donc rien contre
une raison aussi éclairée comme la
vostre. Je sçay bien que vous avez
des subjets de chagrin ; mais pensez
qu'aprés tout s'il vous arrivoit ce que
vous meritez d'avoir , il faudroit
qu'il en coustât le throsne à quelqu'un , ce qui seroit fort contraire à
la devotion que vous a inspiré le pere le Jeune. Souffrez donc qu'il vous
manque quelque chose de ce qui vous
seroit

feroit deub, & demeurez contente
de quoy Dieu vous a faite un de ſes
plus beaux ouvrages, & croyez auſſi que pour le placer en la plus belle
demeure où il puiſſe eſtre au monde,
il ne faut que le mettre dans voſtre
cœur, ſans y rien changer, ny ſans
en chaſſer vos amis, dont je ſuis par
inclination & par reconnoiſſance, la
plus veritable & la plus affectionée
de toutes.

LETTRE XVIII.

A Monſieur l'Abbé Bourdellot.

L'On me rend voſtre Lettre à
mon retour de Pontoiſe, & ſi
j'avois eu le moindre loiſir du monde de me reconnoiſtre, je l'aurois
employé à vous demander des nouvelles de voſtre incomparable Reyne, & à vous aſſeurer que bien qu'elle reçoive les reſpects & l'admiration
de tout le monde; je ſuis certaine
qu'elle

qu'elle tire de moy un plus fort tribut là deſſus, que ne luy peut rendre aucune autre perſonne; jugez
par là quelle eſt ma joye d'apprendre de vous qu'elle ferme ſes yeux
clair-voyans ſur tous mes deffauts,
de peur qu'ils ne luy devienent un
obſtacle à la bonté, qu'elle veut bien
me faire l'honneur d'avoir pour
moy, je n'aurois pas manqué de luy
en aller faire mes tres-humbles remercimens à Fontaine-bleau, ſi comme vous dites fort bien, les deſti-
nées ne nous contraignoient ſouvent
trop de choſes, me ſervent de mé-
moire locale à cét endroit de voſtre
Lettre, pour ne vous le pas repe-
ter dans la mienne, & vous dire
que je ſuis revenüe malade à Paris
depuis l'accident qui arriva chez
moy; ſoit que je m'en touche trop,
ou que la fievre priſt ſon temps de
m'arriver à la meſme heure, afin
d'avoir une honneſte excuſe vers
moy à la viſite qu'elle avoit envie
de

de me faire , tant y a qu'elle vinſt,
& qu'elle ne s'en eſt pas ſi bien re-
tournée, que meſme cette nuit je
n'aye eu une heure de friſſon , ce que
j'ay peine à vous mander , m'imagi-
nant que cela acheve de vous tranſir
à Fontaine bleau, où j'apprend qu'il
fait dé-jà aſſez froid ſans vous preſen-
ter rien qui le ſoit davantage, & je
craindrois que vous ne fuſſiez retenuë
dans les glaces, ſi je ne ſçavois que le
Soleil qui ſe treuve, où vous eſtes, aſſés fort pour en diſſiper bien d'autres.
De ſorte que je ne vous plains que juſqu'au reveil de la Reyne, où dés auſſi-
toſt commencent , pour ceux qui la
voient, les plus beaux jours du monde,
& ſi tous les Orangers y font leur devoir, je ne doute point qu'ils ne fleu-
riſſent dés qu'elle paſſe , afin de pouvoir jetter leurs fleurs à ſes pieds, rien
n'eſtant digne de la teſte de la Cou-
ronne du monde entier; j'ay quelque
honte de vous avoir dé-jà écrit une ſi
longue Lettre ſans vous auoir mandé
un

un seul mot pour vous, mais vostre
illustre Reyne me servira d'excuse,
& la premiere voye de vous escrire
me servira pour vous mander combien je suis Vostre, &c.

LETTRE XIX.

A la Reyne de Suede.

CE que l'on souffre en l'absence
de Vostre Majesté, ne peut estre
adoucy par nulle autre chose que par
l'honneur de son souvenir, & par celuy de son amitié; & bien que la
pretention en soit un peu haute, je
je suis obligée de ne l'avoir pas moindre, pour mettre quelque rapport entre le remede & le mal qu'elle a laissé, en quittant ceux qui comme
moy se sont laissé trop fortement
toucher d'un bien qui ne pouvoit
durer, & qui peut encore moins ces-
ser d'estre desiré; mais si la raison
des affaires de Vostre Majesté nous
oste

oſte ſa preſence, que Rome pour le
moins n'enferme pas ſi bien toutes ſes
penſées, qu'il n'en vienne quelqu'u-
ne de favorable juſqu'à nous, ce que
je ſuis aſſeuré que Voſtre Majeſté ne
nous pourroit refuſer, ſi Elle ſça-
voit combien ſa perſonne m'eſt de-
vēnüe une choſe chere : ce mot eſt un
peu libre, mais j'en eſpere le pardon,
puiſque tout le devoir ne vaut pas
une faute qui s'eſt faire par tendreſſe,
& celle que j'ay pour Voſtre Majeſté
eſtant ſi grande qu'elle me rend capable de tout, hors de pouvoir ſupporter ſon oubly avec patience,

LETTRE XX.

A Madame la D. de R.

CRoiez que je ſuis bien accablée
d'affaires, puiſque je remets
l'honneur de vous voir, ayant tant
de choſes à vous dire, que l'on m'a
voulu inutilement perſuader ; l'amitié

tié que j'ay pour vous, Madame,
reſiſtant à croire tout ce qui la
pourroit affoiblir , & je prend ma
ſeureté de la fidelité de voſtre affection dans celle que je me ſens
pour vous, ne croyant pas poſſible,
Madame , qu'une perſonne genereuſe puiſſe manquer à celle de qui
elle reçoit une amitié ſincere , je l'ay
telle pour vous, Madame, & je conſens de vous eſtre une regle bien ex-
acte de ce que je deſire, que vous
ſoyez pour moy.

LETTRE XXI.

A Monſieur l'Abbé de M.

A Ce que je vois, Monſieur, je
ne ſuis pas moins eſloig-
née de voſtre ſouvenir, que de voſtre perſonne , & à quelque di-
ſtance que vous ſoiez de nous par
vos voyages, j'ay ſujet de croire
que je ne ſuis jamais ſi loin de vous,
que

que de voſtre penſée , ce n'eſt
donc pas voſtre exemple qui m'apprend à vous eſcrire , mais l'eſtime que je conſerve pour vous malgré vos negligences. Croiez que
je n'en ay point eu pour les choſes que vous m'avez recomman-
dez en partant , une illuſtre perſonne vous en ſera teſmoing. Revenez donc bien - toſt apprendre
d'elle , combien il eſt vray que je
ſuis Voſtre , &c.

LETTRE XXII.

A Madame la Marquiſe de M.

EN verité, Madame , l'on rachet-
te ſi bien par l'ennuy de voſtre
abſence, le plaiſir de vous avoir
veüe, que je ne puis vous eſtre o-
bligée de la viſite que vous m'a-
vez faite icy, par la peine qu'elle
me laiſſe. Et le monde ſe monſtre
en

en vous d'un ſi beau coſté , que
j'ay penſé quitter ma ſolitude pour
m'y en retourner , ſi je ne m'e-
ſtois ſouvenüe que de tous ceux qui
le compoſent, il n'en eſt preſque
point qui vous reſſemble. Cela m'a
fait rentrer de bon cœur dans mon
hermitage, avec deſſein de me ſervir de la liberté de la ſolitude , pour
penſer ſouvent à vous, ſans preten-
dre d'en eſtre recompenſée par la
meſme choſe. La Cour ayant trop de
perſonnes preſentes , pour que les
abſens s'attendent à quelque place ;
mais s'il m'arrive d'en avoir quelque fois dans voſtre ſouvènir , que ce
ne ſoit jamais , Madame , ſans penſer
à moy, comme à la perſonne du monde qui vous honore le plus , & qui
eſt auſſi ſincerement Voſtre , &c.

L E T-

LETTRE XXIII.

A Monsieur le Marquis M.

VOus augmentez la peine que je
souffrois dé-jà pour l'absence
de la Cour, en m'apprenant par vostre Lettre, que les maistres y sont
dans un esprit si doux & si favorable, que ceux qui les auront suivis,
auront le prin-temps de leurs hu-
meurs & celuy de la saison tout ensemble ; en verité c'est trop pour
rendre un voyage agreable, & mesme assez pour desesperer ceux qui
n'en sont pas ; & qui comme moy
sont à Paris à peu prés comme l'on
est aux limbes, puisque je n'y fais
que sçavoir vostre joye sans en avoir
ma part, ce n'est pas que je ne me
fasse un fort sensible bien du suc-
cés de vos affaires , & que vous
n'en avez peu donner la nouvelle
à personne qui y prenne tant de
part

part, ny qui ſoit davantage, Voſtre, &c.

LETTRE XXIV.

A un Amy grand Janſeniſte.

SI l'on peut eſtre authoriſé à
parler des choſes qui regardent
les perſonnes qu'on eſtime infiniment, vous ne treuverez pas e-
ſtrange que je vous faſſe ſçavoir ce
que j'appris hier touchant vos amis
& les miens ; je ſçeus que l'on
prennoit contre eux de facheuſes
reſolutions, que je ne doute pas
que la fermeté de leurs cœurs ne
leur fiſt ſupporter genereuſement ;
mais il me ſemble qu'il n'eſt point
de la prudence de ſe repoſer aux
perils, quand il eſt facile & rai-
ſonnable de l'éviter. La reſponſe
de Monſieur a pû decider l'affaire
& la mettre en douceur & en paix,
ou la jetter en troubles & en deſ-
union,

union ; mais fans confiderer ces rai-
fons-là , qui n'eftant bonnes que
pour eviter les souffrances , ne feroient pas celles qui pourroient faire impreffion fur des efprits, à qui les
plus rudes peines ne font point de
peur , puifque dans leurs vies ils
s'en impofent tant de volontaires :
qu'ils fongent quel facrifice ce feroit
à Dieu , fi ayant pû penetrer la verité des chofes , qui jufqu'à eux auroient efté obfcures par la confidera-
toin de la paix & de l'union de l'E-
glife, ils renonçoient à la gloire d'a-
voir eu plus de lumiere que le refte
des hommes fur des matieres qui
n'ayant point efté divifées dans les
autres fiecles , font voir que la Foy
ne peut eftre bleffée de les laiffer ainfi , & que la charité le pouvoit eftre
beaucoup, par les fuittes qu'une autre
conduite pourroit apporter. Ce feroit donc un grand acte de vertu à
ceux qui ont tant d'eftudes pour
fouftenir leurs opinions , de n'y

C   point

point avoir d'opiniaſtreté pour le
bien commun, & que l'on peut voir
cette humilité en des perſonnes en
qui tant de grandes qualitez ne pouvoient cauſer que le deffaut de l'orgueil. Croiez-moy, Monſieur, eſtre
vaincu par eſprit de charité, & ſe rendre à des raiſons auſſi Chreſtiennes,
eſt infiniment plus glorieux pour
ceux qui ſuivent Jeſus-Chriſt, que
d'eſtre vainqueur, & que la victoire
ſoit ſuivie de deviſions dans l'Egli-
ſe, & ſoit cauſée par ceux qui vou-
droient donner tout leur ſang pour
la deffendre, & qui ne laiſſeroient
pas de luy faire innocemment plus
de maux qu'elle n'en peut recevoir
de tous ſes ennemis declarez, & il
n'y a qu'une conduite douce, qui
puiſſe faire voir à tout le monde la
vertu de nos amis égale à leurs
ſciences, & à leurs talens d'eſprit;
je vous écris ſur une matiere dont les
perſonnes de mon ſexe ne ſçauroient
bien parler pertinement, auſſi ne
vous

vous en diray-je que ce qu'un peu de
bon sens, & beaucoup d'affection me
fait vous escrire, dans la crainte que
j'ay que nos amis communs ne souf-
frent de la disposition où je vois que
l'on est pour eux. Je vous supplie
donc d'y vouloir songer, & de croire
que tout cecy vous est dit d'un esprit bien affectionné à leurs interests,
& que si je n'ay pas assez de vertu
pour suivre leurs exemples, je suis
assez reconnoissante, & assez touchée
du merite, pour leur donner des marques en toutes occasions que je leur
suis & à vous Monsieur, Vostre, &c.

LETTRE XXV.

A Monsieur l'Abbé Da....

J'Ay tousiours esté persuadée, que
les choses que vous aviez une fois
jugées, ne se devoient jamais croire
autrement; mais comme il est tou-
jours agreable de sçavoir combien
l'on

l'on eſt treuvé juſte dans ſes approba-
tions. Il faut que je me donne
l'honneur de vous dire, que Madame de Maubuiſſon a merveilleuſe-
ment bien dégagé voſtre parole de
tout le merite dont vous m'aviez
fait bon en elle, puiſque je l'ay treuvée ſi digne de toutes les choſes que
je vous en avois oüy dire, que je
vous dois remercier, de la curioſité
que vous m'aviez donnée de la connoiſtre, je ne l'ay pas pû entretenir
ſans vous donner beaucoup de part
à noſtre converſation; mais je vous
avoüe que ce n'a pas eſté ſans
m'en repentir, puiſque quand l'on
s'eſt une fois ſouvenu de vous, il
eſt ſi peu poſſible de paſſer à s'entretenir d'autres choſes dont il faudroit
encore parler, que je vous aſſeure
que vous devriez des excuſes à cer-
taines perſonnes qui pourroient meriter des loüanges d'avoir épuiſé
pour vous ſeul ce qu'il y auroit à
partager entre pluſieurs; mais comme

me je ne veux point vous parler de
de vous-mesmes, comme je ne puis
m'empescher d'en parler aux autres,
je me contenteray de vous dire icy
que ce qui se doit penser de vous
me fait estre plus que personne Vostre, &c.

LETTRE XXVI.

A Monsieur l'Abbé M....

Vous reparez si bien vostre absence par vos Lettres, que si
elles sont toutes aussi jolies que la derniere, vous courez risque que l'on
ait point regret de ne vous pas voir,
tant qu'il y aura ce moien-là de vous
entendre, & je vous jure que vos
Lettres vous representent si avanta-
geusement, qu'il n'y a personne
qui en les lisant ne vous crût plus
grand de deux pieds que vous n'e-
stes, & du reste le plus galand du
monde, & l'on ne pourroit s'ima-

C 3   giner

giner que tant d'agrement d'esprit
peut estre conservé dans une personne qui a renoncé à toutes les choses
du siecle, & qui ne se fait voir galand & delicat, dans les choses qu'il
dit, que pour mieux décrier la galanterie par comparaison de ceux
qui la suivent, à ceux qui l'ont quit-
tée ; mais de peur que mes loüanges
ne vous donnassent trop de vanité,
vous n'en aurez point davantage,
& je reviens tout court à vous demander si les eaües vous feront autant de bien, qu'elles nous firent de
mal, quand elles vous obligerent à
nous quitter : si cela est, il faut que
vous en remportiez une santé parfaite. Revenez donc je vous supplie, tout enrichy des biens que vous
aura fait Bourbon, & croiez qu'il
n'en est point au monde que je ne
vous souhaite, estant plus que nulle autre personne, Vostre, &c.

LET-

LETTRE XXVII.

A Monsieur le Mareschal de G... luy addreffant le Portrait de la Reyne qu'elle avoit fait.

JE treuverois bien de la honte à me fouvenir la premiere d'une perfonne de voftre fexe, fi je ne fçavois que l'eftime & l'amitié ont d'autres regles que la galanterie, & comme cette derniere chofe n'eft point de mon commerce, je vois bien que je ne fais rien de trop, de prendre plus de foin de me confer- ver l'honneur de voftre fouvenir, que vous de chercher à fçavoir la part que vous avez dans le mien ; & bien qu'elle foit fort grande, je ne voudrois pas qu'une nouvelle qui vous eft fi peu importante à fçavoir, vous couftât la peine d'écrire des Lettres, & vous y fift donner des momens que vous employez beau-

C 4.   coup

coup mieux où vous eftes, fi je n'a-
vois creu que le portrait que je vous
envoye recevra plus de bien d'eftre
prefenté par vous, qu'il n'en euſ:
d'eftre fait par moy, & que voſtre
approbation luy attirera celle de
tous ceux qui n'oferont examiner
une chofe à qui vous aurez fait grace pour l'amour de moy : fous ces
efperances, je luy fais entreprendre
le voyage de la Cour, & s'il arrive
juſqu'à vous , & que vous treuviez,
meſme quelque moment d'inutile
à la Reyne, ou pour fe delaffer de
voir tant d'autres gens , elle fe vueille regarder elle-meſme , je vous fup-
plieray de luy monftrer le tableau
que j'en ay fait, & luy dire de ma
part, que comme les portraits font
les feuls remedes de l'abfence , je me
fuis donné d'elle une copie qui me
paroift affez reffemblante, vous en
jugerez beaucoup mieux que moy.
Cependant je m'apperçois que ma
Lettre devient trop longue , &
                            qu'ainfi

qu'ainſi il faut que je me haſte de
vous dire que je ſuis Voſtre, &c.

LETTRE XXVIII.

A Monſieur.

POur les jours de devotion je con-
viens qu'ils appartiennent à la
retraitte, mais pour celuy des Roys,
ce ne ſeroit pas en bien ſçavoir
chomer la Feſte, que de la paſſer ailleurs qu'auprés de leurs ſemblables,
où vous eſtes deſiré par eux, & par
ceux qui les environnent, au moins
vous puis-je répondre d'une perſonne à qui il manquera touſiours quelque choſe de fort conſiderable, lors
que vous ſerez abſent; ſi cela vous
peut faire venir, haſtez voſtre retour, pour faire voſtre compliment à
ſon Eminence de la perte qu'il a fait
de ſon nepveu, qui ne pouvoit pas
mourir par une adventure plus deſa-
C 5   greable

greable que par l'enjoüement de fes
petits camarades de College, luy qui
fe voyoit en paſſe de n'en avoir guere
un jour, ſi les ſiens euſſent eſté de longue durée ; mais ſon Oncle le pou-
vánt faire heureux, n'a pû les faire
plus longs, Meſdemoiſelles les Par-
ques eſtant d'humeur fort opiniaſtre,
à ce qu'elles ont une fois reſolu. Je
ſouhaite qu'elles filent long-temps
pour vous, & que vous ſoiez per-
ſuadé que perſonne du monde n'eſt
davantage Voſtre, &c.

LETTRE XXIX.

A Monſieur le Marquis de Crequy.

MOnſieur je ne preſume pas aſſés
de mon credit auprés de vous
pour vouloir vous demander des choſes difficiles ; mais comme par raiſon
de ſimpathie, vous devez avoir bien
de la facilité d'accorder voſtre pro-
tection à tous les gens de cœur, je
me

me fuis engagée de vous la demander
pour le Gentilhomme qui vous rendra ma Lettre , il a dé-jà l'honneur d'eftre connu de vous, & cela eftant, je vous crois tout perfua-
dé qu'il n'eft pas indigne des marques de voftre bonté. Il refpondra
affeurement par fes actions à l'honneur que vous luy ferez de luy donner part en vos bonnes graces , & fi
vous voulez conter, Monfieur, la
priere que je vous en fais pour quelque chofe, je vous affeure que je vous
en feray tout à fait redevable, &
que j'en auray toute la reconnoiffan-
ce que peut avoir une perfonne que
beaucoup d'eftime a dé-jà toute dif-
pofée d'eftre Monfieur Voftre, &c.

LETTRE XXX.

A Monfieur le Chevalier de S...

IE me plains d'avoir fçeu que vous
avez demandé de nos Lettres,
pour

pour les monftrer, puis qu'affeurement il m'eft bien avantageux qu'elles ne foient pas veües, fi je ne veux
deftruire avec juftice l'opinion qui
s'en eft eftablie fans raifon : & je m'é-
tonne que vous qui vous connoiffez
affez bien aux belles chofes, pour
fçavoir que celles qui viennent de
moy ne le font pas, ne vous conten-
tiez fimplement d'appuyer les loüanges qu'on me donne, fans chercher à
me faire connoiftre, puis qu'en verité je ne crois pas avoir cette forte
d'efprit qui peut plaire, & je n'auray pas lieu de vous croire bon ménager de mes advantages, quand vous
parlerez trop de mon efprit. Ce que
j'ay de bon, eft plus propre à rendre
content de foy-mefme, que non pas
de pouvoir faire que les autres le font,
qui ne cherchent d'ordinaire que l'a-
greable, fans fe foucier de ce qui eft
eft un peu plus folide. De maniere que
vous pouvez demeurer mefchant
garand de tout le merite dont vous

leur

leur avez fait bon en 'moy, si je ne
treuve quelque occasion de dégager
vostre parole auprés de . . . . . en luy
faisant connoistre que du moins ce
qui manque au beau, est donné au
bon, puisqu'asseurement l'on me treuvera une sincere & une fervente pour
mes amis, qui doit donner envie à
ceux qui n'en sont pas, de le devenir
& confirmer ceux qui le sont dé-jà
dans le dessein de l'estre toûjours.
Ce dernier vous regarde, car vous a-
vez voulu que je vous crû des miens,
& il ne tiendra qu'à la fortune que je
ne vous rende tous les services d'une
personne qui veut aussi que vous la
croiez Vostre, &c.

LETTRE XXXI.

A la Reyne d'Angleterre.

I'Avoüe à Vostre Majesté, que je
ne puis pas tout à fait me rejoüir
du sujet qu'elle a d'estre contente
de

de l'Angleterre, quand je viens à
fonger qu'il nous en peut couster de
ne la plus revoir en France. Cela
embaraffe fort mes fouhaits entre vos
interefts & les noftres, & fait que la
raifon ne m'eft pas peu obligée de la
fuivre malgré mes fentimens qui
vont tous à defirer l'honneur de fa
prefence, qu'il n'eft pas poffible de
confentir de perdre, à moins que les
continuelles affeurances du bonheur
de Voftre Majefté nous apprennent
à fouffrir fon abfence, & faffe que
la joye nous oblige à n'ofer defirer
celle de la revoir, pourveu que Voftre Majefté prenne quelque foin,
que nous ne perdions pas tous les
biens à la fois, & qu'elle me conferve en l'honneur de fon fouvenir
une petite place, que je puiffe le defen-
dre contre le temps & l'abfence, qui
font deux ennemis fi redoutables,
que je n'aurois point l'efperance de
les pouvoir vaincre, fi je ne fçavois
Voftre Majefté trop jufte pour manquer

quer à fe fouvenir fans ceffe, de la
Princeffe fa Fille, la plus aimable de
toutes les creatures ; ce qui vous en-
gagera fans doute auffi de penfer
quelque fois aux perfonnes qui ont
le plus de zele & de refpect, & pour
vous & pour elle : ce qu'eftant,
il faut de toute neceffité que vous
fongiez à moy, puifque Voftre Majefté ne pourroit treuver mefme dans
fes fujets un cœur qui luy fût plus
acquis que le mien.

LETTRE XXXII.

A Monfieur le Tellier en faveur d'un
de fes amis.

SI j'avois à vous parler de mes interefts, la peur de vous eftre im-
portune m'auroit aifement retenu ;
mais quand il s'agift de mes amis,
je n'ay pas une égale circonfpection,
& ne puis m'empefcher dans une rencontre où le Roy ordonne à M. V. de
vous

vous faire souvenir pour Monsieur
son Frere de l'employ dont la Reyne vous parlât il y a quelque temps,
& dont le merite de ces Messieurs
vous parle tous les jours, ils sont si
honnestes gens, & servent si bien
le Roy, que cette raison de sim-
pathie entre vous leur doit attirer
l'honneur de vostre amitié, que
d'ailleurs ils meritent encore par le
particulier respect qu'ils ont pour
vous en cette derniere chose. Monsieur je vous supplieray tres humb-
lement de croire que personne du
monde ne me sçauroit surpasser,
ny estre davantage que je suis Vostre, &c.

LET-

LETTRE XXXIII.

A la Reyne Mere d'Angleterre.

J'Ay reçeu par Mr. de Hauterive
la Lettre que Voftre Majefté m'a
fait l'honneur de m'écrire, & les
marques de fon fouvenir ont efté fi
pretieufes au mien, que je ne fçau-
rois à mon gré avoir affez de diligence pour remercier Voftre Majefté d'une chofe qui n'eft pas feulement receüe de moy avec le refpect qui fe doit aux grandes Reynes;
mais encore avec une joye qui feroit bien voir à V. M. fi elle luy e-
ftoit connüe, que mon cœur a pris
pour elle une fenfibilité, que l'abfence & le temps ne feront point
finir. Je fouhaitte que la protefta-
tion que j'en renouvelle à Voftre
Majefté au commencement de cette
année luy foit agreable, & tous les
vœux que je fais au Ciel; & que pour
recompenſe

compenfe de vos vertus & de vos
peines, il donne encore à Voftre
Majefté un fiecle de vie & de pro-
fperité.

LETTRE XXXIV.

A Monfieur Frere du Rey fur fon ma-
riage avec Madame la Princeffe
d'Angleterre.

LE bruit court icy du mariage
de Voftre Alteffe Royale avec
Madame la Princeffe d'Angleterre,
& cela rend tout le monde fenfible
à la joye, de voir unir deux perfonnes fi pareilles en naiffance, & en
merites, qu'il ne fe peut que tant de
rapport ne faffe la plus belle & la
plus douce union du monde, &
qu'eftant fi aimable l'un & l'autre,
vous ne vous aimiez infiniment,
puifque chacun de vos perfonnes
doivent eftre aimez pour l'amour
d'eux mefmes, jugez de ce que l'on
vous

vous rendra à tous deux enfemble,
& combien le devoir deviendra
doux à fuivre, quand il ordonnera
d'agir felon fon inclination. L'aimable Princeffe qui vous eft deftinée, la
devient tous les jours davantage,
& il femble que chacune des graces
prenne foin de luy donner ce qui
peut la rendre plus digne de vous;
car enfin Voftre Alteffe Royale la
treuvera telle, qu'il n'y a plus que fon
amant qui puiffe difputer des charmes
avec elle, cette belle égalité ne peut
plus laiffer de place à la galanterie,
puifque le deftin prend foin de vous
preparer chez vous-mefmes la meilleure fortune du monde. Je fouhaitte, Monfeigneur, qu'en toutes chofes
elle vous accompagne, & que vous
foiez auffi heureux que je fuis avec
refpect & fincerité Voftre, &c.

LETTRE XXXV.

A Madame la Marquise de M....

L'On ne sçauroit, Madame, a-
voir autant de passion que j'en
ay pour la maison Royale, & ne pas
estre infiniment sensible à la joye du
choix que l'on a fait de vous pour
Gouvernante de Monsieur le Dau-
phin. Jamais rien ne fut si bien pen-
sé, qu'une chose où tous les interes-
sez treuvent également leur compte,
le Prince & ses sujets, de le voir en
venant au monde mis entre les mains
de la vertu mesme, & que vous pouvez l'élever de sorte qu'il ne sçaura pas plutost parler, qu'il sçaura
precisement ce qui se doit dire, &
que vous le pourriez rendre tel,
qu'il n'auroit pas besoin de passer
sous un autre gouvernement, si ce
n'estoit pour satisfaire à la coustume,
& pour ne pas donner aux hommes
le

le déplaifir de voir une education
auffi glorieufe que celle de ce Prince,
achevé par une perfonne de voftre
fexe, auquel vous apportez de fi
grandes advantages, que par voftre
feul prix vous reparez le peu de valeur de tant d'autres. La fievre qui
n'eft pas toufiours raifonnable a mefme connu cette verité, & n'a pas
voulu détruire en vous une perfonne
auffi neceffaire au monde que vous
l'avez toufiours efté pour fon utilité,
puifqu'un ouvrage forty de vos
mains fera fort digne un jour d'eftre
couronné : jugez donc, Madame,
combien je prend part à vos avantages, puifque naturellement j'aime
à voir le merite en confideration, &
que d'ailleurs je vous honore infiniment.

LET-

LETTRE XXXVI.

A Monsieur de Radez sur sa nomination à l'Archevesché de Paris.

IL ne m'est possible de m'empescher de vous témoigner de la joye dans une rencontre où le Roy vient de faire beaucoup plus de bien à ses sujets qu'à vous, & si les redevables de vostre nomination à l'Archevesché de Paris en faisoient le remerciment, ce seroit asseurement à tous ceux qui vont dependre de vous, de s'en aller rendre graces au Roy de son choix; mais comme il y perdroit trop, si d'autres luy parloient en vostre place, tout le monde joint icy sa reconnoissance à la vostre, & l'on est ravy de voir vostre maistre entendre si bien ce qu'il fait, que par la mesme chose dont il rend justice aux merites, il en paye encore ses debtes, & donne par là lieu de croire qu'il n'obli-

gera

gera point ceux qu'il aime, sans donner en mesme temps à qui merite plus. L'Archevesché de Paris en est une grande preuve, & l'on ne sçauroit le voir tomber en vos mains, sans que le troupeau ait autant d'obligation au Roy, que le Pasteur mesme. Faites moy l'honneur de croire que personne ne sçauroit avoir plus fortement ces sentimens-là que moy, puisque personne n'est davantage, ny avec plus de respect Vostre, &c.

LETTRE XXXVII.

A Monsieur l'Archevesque de Paris.

LE Reverend Pere de Ste. Marthe vous devant ses foy & hommages, il a desiré que je vous rendisse le témoignage que je fais, qu'il ne veut pas seulement dépendre de vous par la raison de vostre authorité; mais beaucoup encore par celle de vostre merite, & comme asseurement
c'est

c'eſt le plus grand bien qui puiſſe
vous attacher les gens, il ne va pas
ſeulement par des complimens ſatisfaire à la couſtume ; mais il va vous
offrir une part en ſon cœur, & par
là vous ſerez receu en un lieu, où il
n'y a jamais eu que Dieu qui ait
eſté maiſtre de la place, il me ſemble que je ne pourrois en ménager
une meilleure à mon Archeveſque,
& en effet le Pere de Ste. Marthe eſt
un homme de ſi rare vertu, que vos
propres lumieres vous en feront toûjours connoiſtre plus de bien, qu'il
ne ſeroit poſſible de vous en dire,
& je croy vous avoir acquis en luy,
un amy qui n'eſt pas indigne de vous.
Je ſouhaitte qu'il merite voſtre eſtime, & que vous me faſſiez l'honneur de me croire Voſtre, &c.

LET.

LETTRE XXXVIII.

A un Amy qui avoit efté fort malade.

LE voyage que vous avez penfé
faire eftoit fi contraire à la vo-
lonté de vos amis, que je vous re-
mercie de leur part d'eftre prompte-
ment revenu fur vos pas, & à l'avenir
il vous eft defendu de ne vous point
embarquer en une affaire auffi importante que l'eft celle de mourir, fans
en prendre la permiffion des perfonnes pour qui vous dites que vous a-
vez de la deference, & fi vous me voulez donner voix deliberative dans le
nombre, mon advis ne fera point que
vous partiez pour un voyage de fi
long cours: je vous confeilleray feulement de quitter Paris, & d'aller dans
un païs où vos interefts vous appel-
lent. Cependant croiez que fi je pouvois quelque chofe icy pour les voftres, mes fervices vous feroient in-

D   finiment

finiment acquis. Mr. de V. vous en
dira plus que ma Lettre. Je ſuis Voſtre, &c.

LETTRE XXXIX.

A Madame d'Armagnac.

BElle Princeſſe, je vous envoye
mes petits pendants, que je ne
doute pas qu'ils ne reviennent plus
beaux & plus brillans par la joye de
vous avoir approché, & de vous a-
voir ſervy; au moins ſi je ne dis leurs
ſentimens, je vous parle des miens,
& ſuis perſuadée que pour ne les a-
voir pas, il faut avoir comme eux
le cœur de diamant, j'ay bien du regret de ne m'eſtre point treuvée chez
moy, quand vous me fiſtes hier l'honneur de me venir chercher.

LETTRE XL.

A Monsieur le Président B...

QUand voſtre generoſité vous rend plus ſatisfait de ſervir vos amis, que de l'eſtre d'eux, que penſez vous de la mienne, & ne voulez vous pas en avoir aſſez bonne opinion pour croire que je ſuis tout de meſme, & que ce m'eſt une peine extréme de voir que je vous ſuis ſi redevable, & que je ne puis faire que vous me le ſoyez,& que bien que je vous tienne aſſez equitable pour perſuader que le tort en ſera toûjours à la fortune, quand je manqueray de rendre ſervices à mes amis, puis qu'au moindre jour qu'elle me fera de les obliger, ils le feront toûjours de moy avec beaucoup de ſoin; mais cela n'empeſche pas qu'il ne me déplaiſe fort d'avoir à faire ces excuſes, moy qui dans mes intereſts ay tant

D 2   de

de juftes fujets de me plaindre d'elle,
que fi vous fçaviez toutes les nouvelles traverfes qu'elle me donne, vous
treuveriez qu'il faut eftre bien douce pour fe conferver de la moderation; mais à ne vous en point men-
tir, il faut regarder tout ce qui fe
fait icy, comme venant d'une main
fous laquelle il faut eftre foûmis,
& croire que pourveu que nous
treuvions graces en un autre païs,
il importe peu comme celles de celuy-cy pourront aller. Vous voyez
que je n'ay pas oublié les leçons
que vous m'avez faites, & que je
me foûviens encore plus de vos exemples que de vos paroles. Ne ca-
chez donc plus ny l'un ny l'autre par
voftre abfence, & revenez en un
lieu où tout le monde vous defire,
& particulierement Voftre, &c.

LET-

LETTRE XLI.

A Madame.

COmme il n'eſt pas du temps de recevoir des graces ſans les a-voir demandées , vous n'avez pas voulu que je duſſe à voſtre amitié les premieres marques de voſtre ſouve-nir , puiſque vos Lettres ne ſeront plus que des reſponſes; mais ma bel-le Dame, il eſt des choſes ſi neceſ-ſaires à la ſatisfaction , & n'eſtre pas effacé de voſtre ſouvenir, l'eſt telle-ment à la mienne, que je conſens pluſtoſt que mes ſoins me procurent un bien que je n'aurois point eu ſans eux, que de manquer à le recevoir. Je les donne donc à vous demander la continuation d'une amitié, dont la perte me donneroit autant de peine, que j'aurois de facilité à en ſuppor-ter toute autre, & vous devez de-meurer tres-ſatisfaite de la difference

D 3 que

que je mets entre vous & le reste des
gens, & que je vous rende justice
en un temps où il est si difficile de
l'obtenir, & pensant à l'arrivée de
la Reyne de Suede, qui establira l'o-
pinion qu'elle doit avoir de nostre
Nation, par ce qu'elle connoistra à
Paris. Je ne puis supporter que vous
n'y soiez, & que vostre absence em-
pesche que vostre reputation ne soit
soustenüe de quelqu'un qui repare
par son prix le peu de valeur de tant
d'autres, que je ne sçaurois croire
qu'avec toute vostre moderation,
vous n'ayez quelque regret de ne
point voir en elle la plus extraordi-
naire personne du monde, & de ne
luy en pas faire voir une en vous,
dont le merite la forcéroit à treuver
une femme, qu'elle ne pourroit s'empescher d'estimer, elle qui les mé-
prise toutes; l'on croit qu'elle fera
demain son entrée à Paris, dont je
vous ferois la relation, si je ne croiois
point que d'autres s'en acquitteront
mieux

mieux que moy. Cependant je crois
que je ne pourray m'empefcher de
vous mander au moins ce qui m'aura
paru d'elle, & pour fon interieur, &
pour fa converfation. En tout cas je
fuis affeurée que nous ne verrons
rien qui approche à la voftre, & que
fi les autres ont les couronnes, ce
feroit à vous à les porter. Adieu.

LETTRE XLII.

JE penfois que c'eftoit avoir affez fait pour vous de fouffrir vos
maux tant qu'ils ont durez ; mais
c'eft trop d'avoir encore à patir de
la gayeté que vous donne le retour
de voftre fanté, qui vous fait efcrire
des chofes que vous n'oferiez avoir
penfé qu'à cent lieües de diftance,
& fur une montagne que la faifon
commence de rendre inacceffible à
tout autre qu'à vous, qui ne vous y
eftes grimpé que pour dire impune-
ment tout ce qui vous plaift, & quand

D 4　　　　la

la perſonne dont vous parlez, ſeroit
auſſi belle que vous la repreſentez,
qui vous a dit qu'elle en laiſſât la con-
templation libre : pour moy qui la
connois fort bien, je vous reſponds
qu'elle ne veut eſtre regardée que
par des yeux qui ne s'entretiennent
jamais avec le cœur, de ce qu'ils
auroient veu d'aimable, elle ſe paye
par ſes mains de ce qui luy pourroit
eſtre deu, & ſe rend par l'amour propre, ce qu'elle ne cherche point à recevoir d'ailleurs; voi-là ce qu'eſt
une Dame, qui ayant ouvert voſtre
Lettre avec joÿe, & n'y croiant
treuver que des nouvelles de voſtre
ſanté, y treuve des choſes pour leſ-
quelles un homme qui ſe porte bien
ſeroit condamné à mort, & un malade au banniſſement, juſqu'à ce
qu'il ſoit devenu moins galand ou
plus diſcret.

L E T-

LETTRE XLIII.

MOnſieur, cette ſeconde Lettre impatiente de vous aller remercier de ce que vous avez fait en faveur de la premiere, ne veut pas me permettre d'attendre voſtre retour : elle veut aller vous dire pour moy que rien ne pouvoit eſtre plus favorable que de ſe treuver obligée à une perſonne que tant d'autres raiſons engagent d'honorer, & qu'il eſt tout à fait commode d'avoir à ſatisfaire tout d'un temps à la reconnoiſſance & au merite de celuy à qui il ſe treuve que l'on eſt redevable. Ces deux raiſons, Monſieur, devant faire payer une debte de bon cœur, vous pourront aſſeurer que c'eſt fort volontiers que je vous rends ce qui vous eſt deu, & que les bontez que vous avez pour moy, & ce qui ſe doit rendre aux plus honneſtes gens, me fait eſtre.

LET-

LETTRE XLIV.

*A Monsieur l'Abbé de Montaigu
estant en Angleterre.*

SI vos Lettres venoient aux personnes à qui elles apporteroient le
plus de joye , je ne serois pas encore
à me plaindre de n'en avoir point receüe. Mais comme vous gardez vos
soins seulement pour les Reynes , je
garde de mon costé mon souvenir &
mon estime tellement pour les gens
qui ont du merite , que malgré ma
colere je vous conserve toûjours l'un
& l'autre : & cependant que vous
m'oubliez, je m'occupe à faire des
souhaits contre vostre païs , de peur
qu'il ne vous plaise jusqu'au point de
vous oster le dessein de revenir au
nostre, où vous avez fait de si grandes acquisitions dans l'amitié des plus
considerables personnes , qu'il ne seroit pas à propos de laisser tant de
biens

biens à la mercy du temps & de l'abfence, qui font deux chofes qui ruï-
nent ce qui eft le plus durable ; jugez
par là du dégaft qui fe pourroit faire
fur ce qui eft auffi fragile que l'amitié de la Cour ; revenez donc icy,
& croiez que ce qui vous retient où
vous eftes , ne doit pas prevaloir fur
ce qui vous rappelle icy , puifque
voftre patrie mefme ne fçauroit vous
donner de meilleurs amis que la
France vous en conferve , croiez
que dans leur nombre il ne s'en peut
treuver qui foient avec une affection
plus fincere que moy. Voftre , &c.

RELATION

D'un voyage de saint Cloud:

LA parfaite guerifon du plus
grand des Roys, & celle de la
Reyne fa Mere, difpofoit tout le monde à la joye, quand le Prince Orondate, & la Princeffe Statira, prirent def-
fein de faire une promenade dans la
plus agreable de toutes les folitudes,
& à laquelle la nature a plus donné
de beautez qu'il n'en eft defcrit dans
ces Païs de Roman. Le jour eftant
choify pour y aller , toutes chofes
voulurent contribuer à rendre cette partie infiniment agreable ; car
elles furent difpofées en cette maniere : En un jour calme & doux,
le Prince & la Princeffe fortirent
du grand Palais de nos Roys, & fe
rendirent fur le bord du Fleuve
qui environne la plus fuperbe Ville
du monde, & là eftant veus & admire z

mirez de toute la multitude, ils mon-
terent dans un petit vaiſſeau, ſi magnifique & ſi galand, qu'il eſt aiſé
de voir que c'eſt un preſent du Roy
de la mer, & qu'il eſt deſtiné pour
ſervir ſa charmante ſœur; l'or, l'a-
zur & la broderie y ſont en abon-
dance, & la jolie maniere dont il
eſt fait, que l'on n'avoit point encore veü en un Païs riche de toutes
choſes, rend ce preſent tout à fait
agreable. La Princeſſe y eſtant entrée, commanda aux rameurs de vo-
guer, & eux tout glorieux d'avoir
leur Princeſſe à conduire, fendi-
rent les flots avec une diligence &
une addreſſe particuliere à ceux
de cette Nation. Le Soleil qui du
haut de ſon Troſne avoit entendu
dire que l'on treuvoit la Princeſſe
plus belle que luy, en paſlit de
colere, & voulut obſcurcir le temps
pour luy laiſſer le ſoin d'eclairer
le monde, puis qu'elle luy plaiſoit
davantage que luy; mais jugeant
qu'en

qu'en ſe retirant il ne la verroit plus,
il revint ſur ſes pas, & laiſſant pour
un autre jour à regler leurs differens,
il la treuva luy-meſme ſi belle, qu'il
ne pût s'empeſcher d'envoyer mille
de ſes rayons le luy dire de ſa part;
mais les voyant mal receües, il jugea bien qu'il ne faut pas avoir le
deſſein de galantizer une femme,
dont le mary eſt plus aymable que
nul amant ne ſçauroit eſtre, & que
l'on doit laiſſer ce beau Comte en
repos. Cependant les voyageurs ne
ſçavoient que choiſir, entre l'envie
d'arriver, & la peine de quitter le lieu
où ils eſtoient, quand la diligence
de leurs Matelots les mit au pied
des jardins, dont la merveilleuſe
beauté luy fiſt oublier tout autre
ſoin pour celuy de s'y promener.
Statyra ſorty de ſon vaiſſeau ſuivie
d'une troupe de Dames ſi belles, que
la Princeſſe n'eut pas pû d'avantage
de remporter le prix ſur elles, & de
paroiſtre parmy eux ce que paroit
                                    Diane

Diane au milieu de ſes Nimphes.
Quelques-uns des plus conſiderables
ſujets du Roy ſon Frere, voyant la
beauté de cette maiſon, & celle de
leur Princeſſe, la prirent pour une
Divinité, & l'ayant approchée avec
les meſmes reſpeᷓts, le Prince O-
rondate & elles qui les vouloient
traitter favorablement, les entre-
tinrent long-temps, & leur ordon-
nerent de voir la maiſon, dont les ri-
ches ornemens font bien connoiſtre
la haute naiſſance de ceux qui s'y logent quelquefois. Aprés avóir veu
tous les appartemens, l'on deſcendit
dans les jardins, qui pour eſtre tous
diſſemblables ne laiſſent pas d'avoir
une égale beauté : mille ſources
d'eau vives y font des canaux & des
fontaines qui paroiſſent toutes de
criſtal, & ce merveilleux jet d'eau,
qui ſortant avec l'impetuoſité & le
bruit que vous ſçavez, ſemble ſe
perdre dans les nuës, & renvoyer
de là une pluye douce & fraiſche
pour

pour conferver le verd & la beauté
des arbres qui font proche de luy.
Mille autres beautez fuivent celle-la;
un grand canal tout parfumé des
Orangers qui l'environnent, eft un
lieu fi delicieux, que l'on luy doit
pour tribut d'y entretenir fes plus
cheres penfées. Les beaux arbres qui
l'entourent prefentent leur efcorce
pour les efcrire, & fi l'on doute
de leur fidelité, le Canal vous of-
fre de garder vos fecrets dans le
fond de fes eaües, & là feulement
fe treuve un confident difcret ,
& dont le profond filence merite
de fçavoir ce qui eft dans le cœur :
auffi toute la trouppe aprés avoir fait
mille tours dans tous les promenoirs
paffoit auprés du Canal, pour y laiffer quelques chofes, les uns luy
parloient des perfonnes prefentes,
& quelques autres faifoient tous
leurs fecrets des abfens, & tel croi-
oit n'eftre pas là , qui pourtant y
avoit efté foigneufement apporté;
mais

mais pour garder quelque mefure,
l'on n'ofoit pas s'entretenir long-
temps foy-mefme, & il falloit fe
rendre auprés du Prince & de la
Princeffe, & fe rejoindre à la trouppe, qui paffant à l'un des plus
beaux endroits du jardin, il fervit
une propre & magnifique collation,
où le demy Dieu, & la Déeffe, &
les Nymphes mangerent tous, comme des perfonnes mortelles : apres
cela l'on reprit la converfation,
& tout enfemble le chemin du fleuve avec beaucoup de joye de rea-
trer dans la magnifique Barque,
difant pourtant Adieu à la belle
Maifon de campagne, de la maniere que l'on a couftume de quitter une chofe que l'on a impatience de revoir; dé-ja la peur de fe
feparer fafchoit tout le monde,
quand pour retarder une chofe
qui devoit déplaire, le Prince or-
donna de ramer lentement, & de
laiffer aller le vaiffeau prefque au
gré

gré des flots, la nuit ne fuſt jamais
ſi belle, ayant mis ſur ſa robbe noire ſes plus brillantes eſtoilles, & la
Lune de ſon coſté donnoit tant de
clarté, qu'elle nous fit douter ſi le
jour duroit encore; la trouppe s'e-
toit groſſie de quelques gens de la premiere qualité, la bonne compagnie
s'eſtant augmentée, la converſation
en devint ſi agreable, que nul chagrin n'eſtoit à craindre que celuy de
ſe ſeparer; mille petits amours qui
durant le jour n'avoient oſé paroiſtre
vinrent à la faveur de la nuit au tour
du vaiſſeau, & leur eſtant deffendu
d'y entrer, ils demanderent au moins
la grace de voir & d'entendre les
perſonnes du monde avec qui ils
ſeroient les plus aiſes de demeurer,
s'il leur eſtoit permis; mais l'on ne
voulut point de commerce avec eux,
& meſme l'on jugea qu'il ne falloit
pas les laiſſer approcher trop prés
du vaiſſeau, parce que ſouvent ils
meinent les gens bien plus loing
                              qu'on

qu'on ne veut aller, & fous leur
mine enjoüée, quand ils vous ap-
prochent, ils vous donnent des fleurs
prefque toûjours empoifonnées. Cependant leurs aggréemens leurs donnent des amis par tout, & mefme
de la plus haute importance, ils en
avoient auffi dans le vaiffeau; mais
perfonne n'ofoit ouvertement parler
en faveur de leurs interefts. Quand
l'eau tout d'un coup devenu plus ra-
pide qu'elle n'avoit efté le long du
fleuve, il fut aifé de juger qu'on alloit paffer fous le premier pont de
la Ville, & que le plus agreable de
tous les voyages alloit finir; tous en
eurent un égal déplaifir, hors les petits amours, qui ayans toûjours opi-
niaftrement fuivy, & n'ayans pas efté
bien traittez, fe promettoient de
n'eftre pas fi méprifez quand châcun
feroit en fon particulier, & difoient
que fouvent telles perfonnes prefe-
roient leur entretien au fommeil,
qui ne s'en ventoient pas le lende-
main

main, & que l'un d'eux fçavoit faire foupirer le cœur le plus difficile
à vaincre, & en difant cela ils s'en-
volerent dans tous les quartiers de
la Ville, & mefme dans les plus fu-
perbes baftimens, aprés quoy l'on
prit congé du Prince & de la Princeffe, & l'on fit mille vœux pour
avoir bien-toft une femblable journée, que celle qui venoit de finir, &
chacun en porta chez foy beaucoup
de refpect & d'amitié pour le Prince
Orondate, & la Princeffe Statira.

E P I-

EPISTRE

A Madame de Bregy par Benferade.

NE jugeant pas fort à propos ,
   D'aller chez vous pour mon repos ;
Je treuve plus à vous écrire
De feureté , qu'à vous rien dire ,
Et crains l'honneur de voſtre aſpect ,
Et de vous parler bec à bec.
Je ſuis tendre , & je me courrouce
Autant contre une haleine douce ,
Que contre une autre , & j'aurois peur
Que cela me fit mal au cœur :
Vous eſtes belle , & moy peu ſage ;
Vous avez des yeux , un viſage
Avec cent deliez attraits ,
Qui couſtent trop à voir de prés ;
Et puis voſtre bouche vermeille
Outre qu'elle eſt belle à merveille ,
Dit les choſes d'une façon
A troubler un pauvre garçon
Qui ne peut celer ce qu'il penſe ,
Et je ne veux point par prudence
M'expoſer à des accidens
Ny pour elle , ny pour ſes dents :
Mon ame incapable de feindre
Vous connoit aſſés pour vous craindre ,
Et le haut char où je vous voy ,
Traine aſſés d'Eſclaves ſans moy :
Si bien qu'il eſt bon , ce me ſemble ,
Que nous n'ayons commerce enſemble,
Qu'une fois , & ſur ce papier
Où je vous rends conte de hier.

STAN-

STANCES.

CE qu'on sent pour une Maistresse
　N'approche pas de la tendresse
　Que je sens pour vous chaque jour.
Ne craignez pourtant pas mes desirs , ny ma
　　　flame,
　　Iris ce que j'ay dedans l'ame
　　A plus de raison que l'amour.

Je n'aurois pas crû je vous jure,
　　Que pour une amitié si pure ,
　　L'on sentit une telle ardeur.
Je le pris pour l'amour, je m'y trompay moy-
　　　mesme ,
　　Vous en pourriez faire de mesme ;
　　Mais vous n'en aurez que la peur.

Pourtant une flame discrete,
　　Pleine de respect & secrette
　　Meriteroit quelque pitié.
L'amour a tant d'attraits que je ne me puis
　　　taire ,
　　Sans la crainte de vous déplaire ,
　　J'abandonnerois l'amitié.

Prenez toûjours pour une fable,
　　Quand on dit l'amour est blasmable,
　　Ceux qu'il blesse adorent ses coups.
Il sçait remplir d'appas la peine la plus rude,
　　Et mesler à l'inquietude
　　Certain je ne sçay quoy de doux.

　　　　　　　　　　　　　Tout

Tout le reconnoit, tout luy cede,
Et souvent du meilleur remede
Il fait le plus subtil poison.
Qui veut trop le guerir, le rend plus incu-
 rable,
Et l'on est toûjours miserable,
De se conduire par raison.

Je pourrois bien m'y laisser prendre
Sous le nom de l'amitié tendre
L'on le méconnoit chaque jour.
Ne craignez pourtant pas mes desirs, ny ma
 flame,
Iris ce que j'ay dedans l'ame
N'oseroit vous paroistre amour.

Sur une Monstre donnée à une Maistresse.

SONNET.

REssort ingenieux, & subtil mouvement,
 Qui cheminant toûjours d'un pas imper-
 ceptible,
Imitez le dessein d'un malheureux amant
Qui souffre sans relasche une peine invisible :
Puisque de voir ma belle, il ne m'est plus loisible
A chaque heure du jour conter luy mon tour-
 ment,
Et luy faisant pour moy l'amour secretement
Arreste sur le point qu'elle sera sensible.
Si ton sort & le mien sont en sa belle main,
Ne crains rien contre toy de ce cœur inhumain,
Ton bonheur est si grand que je luy porte envie,
Car sa main tous les jours prompte à te secourir
 En

En voyant ta langueur, te redonne la vie,
Et mille fois le jour elle me fait mourir.

EPITAPHE.

CY deſſous giſt un grand Seigneur,
　Qui de ſon vivant nous apprit,
Qu'un homme peut vivre ſans cœur,
Et mourir ſans rendre l'eſprit.

SONNET.

I'Eſpens ſur ton autel mon ame en ſacrifice,
　　Tout puiſſant dont la voix a daigné m'ap-
　　　peller,
　Donne moy cet eſprit qui peut tout reveler,
　Et de qui la vertu me ſepare du vice.

Par ta miſericorde augmente ma juſtice,
　Et vueille ton image en moy renouveller;
　Quel empire ſi grand ſe pourroit égaler,
　A l'immortel honneur de te rendre ſervice.

Conduy-moy ſeurement au repos eternel,
　Seul eſpoir des Eſleus, que ton ſoin paternel
　Fait comme aſtres luiſans au milieu des te-
　　nebres.

Auſſi-bien mon eſprit ſe laſſe de mon corps,
　Et voit les vanitez comme pompes funebres
　De ceux qui ſemblent vivre, encor qu'ils
　　ſoient morts.

SON-

SONNET

Sur les antiquitez de Rome.

VOus que l'on vit jadis de spl●●eur éclatans,
    Termes, Cerques, Palais, que par tout
      on renomme ;
  Si vous monstrez encore la puissance de
    Rome,
  Vous monstrez bien aussi la puissance du
    temps.

Autrefois l'on a veu loger des Empereurs
  Où logent maintenant tous les oyseaux fu-
    nestes,
  De ce que vous estiez vous n'estes que le
    reste,
  Et la guerre a sur vous deployé ses fureurs.

Rome qui sous ses loix rangea toute la terre,
  Ayant regné long-temps, reperdit par la
    guerre
  Tout ce que sa puissance avòit pû conquerir.

Sa ruïne a du sort témoigné l'inconstance
  L'autheur de son trépas, le fut de sa naif-
    sance :
  Mars luy donna la vie, & Mars la fit perir.

EPIGRAMME.

L'Un se pique pour Job, l'autre pour Uranie,
Et la Cour se partage en cette occasion,
Pleut à Dieu ● toute chose estant bien reünie,
Que la France n'eut point d'autre division.

La Promenade du soir.

STANCES.

L'Astre du jour par sa pasleur
Montre qu'il va cacher sa flâme,
Les Bergers n'ont plus de chaleur
S'ils ne la portent dans leur ame.

Clion tous les prez sont fleurys,
Allons sur les bords de la Loire,
Nos yeux peut-estre auront la gloire
D'y voir les doux appas de la divine Iris.

Allons fouler ces tapis vers,
De qui la nuance est si vive,
Nous y pourrons faire des Vers
Pour vanter cette belle rive.

Ah cher Clion que l'air est doux,
Les vents ne s'y font plus la guerre,
Et le Soleil quittant la terre
Semble encore en mourant vouloir rire a-
vec nous.

Voit que d'un pinceau delicat,
Quoy que la force diminue,

II

Il verſe encore un vif éclat
Dans le rouge ſein de la nüe.

Avant qu'il cache ſon flambeau,
Il ſemble écrire en ce nüage :
Mortels ne perdez pas courage,
Je reviendray demain plus riant & plus beau.

Ce ſable eſt icy répandu
Par les mains de quelque Nayade,
Qui l'a mollement eſtendu
Pour embellir la promenade.

Ou peut-eſtre pour retenir,
Ainſi qu'une relique ſainte,
Des pas d'Iris la trace empreinte,
Au moins ſi dans ces lieux elle daigne venir.

Clion les Faunes que tu vois
Rangez ſur les bords de la Loire,
Furent des Bergers autrefois
Sur qui la Nymphe eût la victoire.

Ses appas les ſurent charmer,
Et cette beauté vagabonde
Fit ſortir du ſein de ſon onde,
Les flâmes dont leurs cœurs ſe virent con-
ſumer.

Nuit & jour preſſez d'un deſir
Dont l'ardeur eſtoit ſans pareille,
Ils vouloient avoir le plaiſir
De voir à nud cette merveille.

Enfin par un arreſt du ſort

Propice au mal qui les domine ,
On les a veu prendre racine
Auprés de ce beau lit, où leur Maiftreffe dort.

Ainfi je te veux advertir ,
  Qu'on les revere en ce rivage ,
  Tu verras du fang en fortir
  Si ta main leur fait quelque outrage.

Vivent leurs rameaux bien-heureux ,
  Ils font certes dignes d'envie ,
  Puis qu'ils ont pû changer de vie
  Sans laiffer la beauté dont ils font amou-
      reux.

Ah cher Clion ainfi fans prix ,
  Nous voy-cy dedans la prairie
  Sens-tu reveiller tes efprits
  Par l'odeur de l'herbe fleurie.

Que j'aime ces lieux innocens ,
  Que je cheris cette verdure ,
  Et que j'admire la nature
  D'avoir fi bien treuvé l'art de plaire à nos
      fens.

Nimphes ne verfez pas des pleurs ,
  Voyant fleftrir l'éclat fuperbe
  De tant de merveilleufes fleurs
  Que nous foulons parmy cette herbe.

Si la belle Iris peut venir ,
  Elle vous fera bien paroître
  Que fous ces pas on en voit naître
  Dont les vives couleurs ne fe peuvent ternir.
                                      Helas

Helas Iris tu ne vois pas,
   Que ces rives vont estre sombres,
   Si du lustre de tes appas
   Tu n'en viens dissiper les ombres.

Vivante source de clarté,
   Châque objet icy te reclame,
   Châque objet demande à mon ame
   N'aurons nous pas le bien de voir cette Beauté

Le Soleil qui las de courir
   Voit arriver sa derniere heure,
   N'aura pas regret de mourir,
   S'il te peut voir avant qu'il meure.

Et peut-estre à la fin du jour
   Voiant la Beauté qu'il adore,
   Il pensera voir son Aurore,
   Qui repousse la nuit, & l'oblige au retour.

Flore n'aspire qu'au bonheur
   De voir icy ton beau visage;
   Viens Iris, viens combler d'honneur
   Ces Prez, ces eaües & ce rivage:

Viens Iris, viens dessus ces bords
   Conseiller Tyrsis qui soûpire,
   Il sera content s'il respire
   L'air d'Ambre que ta bouche aura poussé
       dehors.

Fidelle Clion la vois-tu?
   Vois-tu ma Bergere adorable?
   Vient-elle à mon cœur abbatu
   Donner un regard favorable?

Mal.

Malheureux quel Astre me nuit,
 Faut-il que le sort la retienne,
 J'ay beau souhaitter qu'elle vienne,
Je ne vois point Iris, je ne vois que la nuit.

Mere de l'ombre & de la peur,
 De qui la laideur est si grande,
 O nuit à la noire vapeur,
 Ce n'est pas toy que je demande.

Mais quoy que tu porte l'effroy,
 Et que tu sois épouvantable,
 Tu me semblerois adorable,
Si je voiois venir mon Astre avec toy.

CINQ QUESTIONS D'AMOUR,

Proposées par Madame de Bregy, avec la
Response faite en Vers par M. Qui-
nault, par l'ordre du Roy.

I. QUESTION.

Sçavoir si la presence de ce que l'on aime,
cause plus de joye, que les marques de son
indifference ne donnent de peine.

RESPONSE.

C'Est un tourment d'aimer, sans estre aimé
  de méme,
Mais pour un bel objet, quand l'amour est extréme,
Quels que soient ses regards, ils sont toûjours
  charmans,

Et fi l'on s'en rapporte à tous les vrais amans,
C'eft un plaifir fi doux de voir ce que l'on aime,
Qu'il doit faire oublier les plus cruels tour-
mens.

II. QUESTION.

DE l'embarras où fe trouve une perfonne
quand fon cœur tient un party, & la raifon
un autre.

RESPONSE.

ON ne peut exprimer le trouble où l'on s'ex-
pofe,
Lors qu'en aimant un cœur prend un party,
Où la raifon s'oppofe:
Souvent cette cruelle eft caufe
Qu'on fe repend de s'eftre affujetty
Aux douces loix qu'un tendre amour impofe;
Mais enfin quoy qu'on fe propofe,
On fe repent toûjours de s'eftre repenty.

III. QUESTION.

SI l'on doit haïr quelqu'un de ce qu'il nous
plaift trop, quand nous ne pouvons luy plaire.

RESPONSE.

QUand ce qui nous plait trop, ne fent point
noftre peine,
Que pour toucher fon cœur noftre tendreffe
eft vaine;
Et qu'on voit que rien ne l'émeut:
Pour fe venger de l'inhumaine,

E 4   Don-

Doutez-vous fi l'on doit aller jufqu'à la haine,
Hà fans dépit on le doit, & le deftin le veut ;
    Mais je ne fçay fi l'on le peut.

IV. QUESTION.

S'Il eft plus doux d'aimer une perfonne dont
le cœur eft preoccupé, qu'une autre dont le
cœur eft infenfible.

RESPONSE.

Il n'eft point de mépris qui ne foit rigoureux,
    Mais c'eft un moindre mal de fe voir a-
        moureux
    D'une Beauté pour tous inexorable,
    Que d'un objet qui brûle d'autres feux ;
La gloire eft grande à vaincre une infenfible
        aimable ;
Et du moins en l'aimant fi l'on eft miferable,
    On n'a point de Rival heureux.

V. QUESTION.

SI le merite d'eftre aimé, doit recompenfer
le chagrin de ne l'eftre pas.

RESPONSE.

QUand d'un cœur qu'on attaque on man-
        que la victoire,
Ce qu'on a de merite a beau paroître au jour,
Le merite fuffit pour contenter la gloire ;
Mais il ne fuffit pas pour contenter l'amour.

                                    AU

AU ROY.

Sur le mesme sujet.

G Rand Roy , que dans mon cœur je respecte
& j'admire,
Pour bannir les erreurs & l'amoureux empire ,
Il ne faut pas choisir ceux qui sçavent rimer ,
Mais il faut consulter ceux qui sçavent aimer.

CINQ QUESTIONS D'AMOUR,

Proposées par Madame de Bregy.

I. QUESTION.

S I la presence de ce que l'on aime , donne
plus de joye que les marques de son indifference ne cause de peine.

RESPONSE.

C Est un bien d'admirer l'objet & ses desirs ,
Mais lors que des beaux yeux sont pleins
d'indifference :
Il vaut mieux ne point voir , que voir sans espe-
rance ,
Les regards en amour sont de foibles plaisirs.

II. QUESTION.

D E l'embarras où se treuve une personne
quand son amour & sa raison combattent.

E 5.   R E s-

RESPONSE.

QUand un cœur est soûmis à l'amoureux
   Martyre,
Sa flâme & sa raison se doivent accorder,
C'est augmenter l'amour que de le contredire,
Et jamais il ne regne avec tant d'empire,
   Que lors qu'il doit aider.

III. QUESTION.

SI l'on doit haïr quelqu'un de ce qu'il nous
 plaist trop, quand nous ne pouvons luy plaire.

RESPONSE.

LOrs qu'on paye l'amour d'une haine cruelle
 Il est trop delicat pour toûjours l'endurer,
L'esperance le flatte, il n'est jamais sans elle,
Un feu sans entretien ne sçauroit pas durer.

IV. QUESTION.

S'Il est plus doux d'aimer une preoccupée,
 qu'une insensible.

RESPONSE.

L'Amour doit toûjours tendre à la plus grande
   gloire,
Fléchir une insensible est un commun effort;
Mais vaincre un cœur charmé, est la belle vi-
   ctoire,
On a plus de douceur dans ce dernier transport;
        C'est

C'eſt un bien de ſentir ſa ſouffrance vangée ;
　　Mais c'eſt un plaiſir ſans égal ,
De pouvoir ſurmonter dans une ame engagée
　　Et ſa Maiſtreſſe , & ſon Rival.

V. QUESTION.

SI le merite d'eſtre aimé , doit recompenſer
du chagrin de ne l'eſtre pas.

RESPONSE.

A La plus belle ardeur un cœur inexorable
　Merite du dépit un genereux retour ,
On a droit de changer un objet adorable ,
Quand on ne luy voit point de raiſon ny d'a-
　　mour.

CINQ QUESTIONS D'AMOUR.

Propoſées par Madame de Bregy.

I. QUESTION.

S çavoir ſi la preſence de ce que l'on aime ,
　donne plus de joye que les marques de ſon
indifference ne cauſe de peine.

RESPONSE.

O N eſt en peine de ſçavoir ,
　　Quand on eſt prés de ſa Climene ,
Si la voir toûjours inhumaine ,
　Oſte le plaiſir de la voir :
Le galand du vieux temps la regarde & l'ad-
　　mire ;　　　　　　　　　Plus

Plus elle a du mépris, plus il est enflammé,
Trop heureux seulement si prés d'elle il soû-
      pire,
Et de ces faux plaisirs son cœur en est char-
      mé,
      Pour moy plus ma Maistresse est belle,
Et plus j'ay de douleur qu'elle me soit cruelle,
Je ne la puis souffrir si je ne suis aimé.

II. QUESTION.

QUel est l'embarras d'une personne dont le
    cœur prend un party & la raison un autre.

RESPONSE.

CE n'est pas un fort grand malheur,
    Quand la raison s'obstine
A faire la mutine
Contre tout ce que veut le cœur,
Entre eux c'est une vieille affaire,
    Les Amans n'ont que faire
    De s'en tourmenter fort,
Et pour dire ce qui m'en semble,
L'amour qui les met mal ensemble,
Les met assés souvent d'accort.

III. QUESTION.

SI l'on doit haïr une personne qui nous plaist,
    parce que nous ne sçaurions luy plaire.

R E S P O N S E.

Sçavez-vous ce que l'on doit faire,
 Quand la Belle qui sçait nous plaire,
Nous traitte un peu cruellement ;
Il en faut prendre une autre brusquement,
 Et se tirer d'affaire ;
Mais il n'est pas d'un cœur en amour entendu,
De s'amuser à haïr l'inhumaine :
Le temps qu'on employe à la haine,
Est tout autant de temps perdu.

IV. Q U E S T I O N.

S'Il est plus doux d'aimer une personne dont
le cœur est preoccupé, qu'une autre dont le
cœur est insensible.

R E S P O N S E.

QUi voudra se laisser charmer
 Des attraits d'une inexorable,
Elle qui sçait ce que c'est que d'aimer,
Est à mon gré la plus aimable,
De mon Rival si l'amour est payé,
En ma faveur la Belle ira plus viste,
 Seurement on arrive au giste
 Quand on tient un chemin frayé.

V. Q U E S T I O N.

SI meriter d'estre aimé doit recompenser le
chagrin de ne l'estre pas.

RES-

RESPONSE.

SI j'avois ce qu'il faut pour plaire & pour
      charmer,
   Et qu'on ne voulut point m'aymer,
   Je m'en consolerois sans peine :
J'aurois pourtant regret à tous mes soins perdus:
   Je me plaindrois de l'inhumaine
   Et la plaindrois encore plus.

AUTRES QUESTIONS D'AMOUR.

I. QUESTION.

LEquel est le plus glorieux
   Aux charmes d'une Belle,
De remettre en ses fers un esclave rebelle,
   Ou d'en rendre un autre infidelle,
   Lors qu'autre part il est heureux.

RESPONSE.

POurquoy rendre infidel un Amant bien-
      heureux,
   Pour l'engager peut-estre à de rudes supplices ;
      Je crois qu'il est moins dangereux
      De s'en tenir aux premiers sacrifices ;
Si vous voulez former de plus nobles projets,
Et dans d'autres Estats exciter des tempestes,
Domptez auparavant vos rebelles sujets,
Et vous ferez aprés des nouvelles conquestes.

II. QUE-

II. QUESTION.

LOrs qu'un Amant tâche à se dégager,
 Doit on s'en affliger?
Ou de sa trahison faut-il que l'on s'irrite?
Enfin n'esperant plus pouvoir le retenir,
 Faut-il attendre qu'il nous quitte?
 Ou bien doit-on le prevenir?

RESPONSE.

LOrs que par des efforts divers
Un Amant veut sortir des mains d'une Mai-
  stresse,
Il ne romp pas toûjours la chaine qui le presse
Toutes les fois qu'il tâche à secoüer ses fers;
Ne prevenez donc point Iris ce cœur rebelle,
 Il n'est jamais permis d'estre infidelle.

III. QUESTION.

QUand Amour force un cœur ambi-
  tieux
 A porter une indigne chaine,
 Et qu'enfin ce cœur amoureux
Prefere sa Bergere à la plus grande Reyne,
Dans cét abaissement l'amour nous fait-il voir
Le plus grand des effets qu'on puisse concevoir,
 De son tyrannique pouvoir;
 Ou monstre-il mieux sa puissance,
Quand il en pousse un autre à la temerité,
 D'aimer une illustre beauté;
Dont il doit respecter le rang & la naissance,
Et qu'il doit adorer dans un profond silence;
      Enfin

Enfin fans jamais prefumer
D'avoir une autre recompenfe,
Que le plaifir d'aimer.

RESPONSE.

DE tous coftés l'amour exerce fon pouvoir,
Mais dans le haut projet il pouffe au defef-
poir ;
Car que fert d'afpirer où l'on ne peut atteindre,
D'eftre fans efperance , & d'eftré fans defirs,
Quand on n'ofe efperer , & qu'on n'ofe fe
plaindre :
L'amour eft un tyran contraire à nos plaifirs,
Son empire eft plus doux auprés d'une Bergere
A qui l'on pourroit librement
Sur la verte fougere
Dire l'exces de fon tourment :
Ce n'eft point abaiffer fon cœur ny fa nobleffe,
De fentir un peu de mal,
Ny de le dire a celle qui nous bleffe,
L'amour comme la mort rend tout le monde
égal.

IV. QUESTION.

PReffé d'une amoureufe ardeur ,
Lors qu'un Amant romp le filence ,
Et que fans redouter d'offenfer fon vainqueur,
Il luy parle de fa fouffrance ,
Fait-il voir un plus grand amour ?
Que fi reduit au point d'aller perdre le jour
Il faifoit de fes feux l'extreme violence ,
Et qu'il n'expliquât fes defirs
Que par de doux regards & de tendres foûpirs?

RES-

RESPONSE.

IL n'est jamais permis dans l'amoureux em-
        pire,
    De reveler les secretes faveurs;
    Mais pour les secretes douleurs,
    Je tiens qu'on les peut dire,
    Mal-aisément peut-on dissimuler
Les maux dont on ressent l'extreme violence ;
    Si le respect nous oblige au silence,
    L'amour nous oblige à parler.

QUESTION

SI l'amour doit ceder à la raison, où si c'est
  à la raison à ceder à l'amour.

RESPONSE.

LE pouvoir de l'amour est un pouvoir su-
        preme,
    Tout flechit sous ses loix,
    Et l'on voit quelquesfois
    Qu'il y soûmet la raison méme,
Je sçay bien que l'amour est un usurpateur,
Que c'est à la raison qu'appartient la puissance,
    Et qu'il luy doit obeïssance ;
Quand luy-méme il seroit mille fois son vain-
        queur ;
    Et quoy que le cœur en soûpire,
Il faut que la raison mal-gré ce tendre cœur
    Range le sien sous son Empire,
    Du moins il est de son devoir:
Mais helas je ne sçay s'il est en son pouvoir.
                                DIA-

DIALOGUE AMOUREUX

Par M. de la G.

TYRSIS.

LOrs que je regnois dans ton ame,
Et que seul de tous tes Amans,
T'épreuvant sensible à ma flâme,
Je goustois la douceur de tes embrassemens ;
Ce Monarque si redoutable,
Qui tient les Perses sous sa loy,
Dans sa fortune incomparable,
Vivoit & moins heureux, & moins content que
moy.

SYLVIE.

Quand tu passois sous mon empire
Ta premiere & jeune saison,
Quand Cloris qui fait ton martyre,
N'avoit pas triomphé de ta foible raison ;
La Romaine & fameuse Ilie
Dont le merite est si vanté,
Estoit beaucoup moins que Sylvie,
Et n'avoit rien d'égal à ma felicité.

TYRSIS.

Cloris cette rare merveille,
Que l'Ebre a vû naître autrefois,
Par son Lut charmant mon oreille,
A fait suivre mon ame aux accens de sa voix ;
Fasse le Ciel que cette Belle

Dans

Dans son bonheur vive toûjours,
Et qu'aprés la Parque cruelle
File ou tranche à son gré la trame de mes jours.

SYLVIE.

Mon Berger me treuve si belle,
Et je treuve mon Berger si beau,
Que de nostre amour mutuelle
On ne verra jamais esteindre le flambeau;
Que le Ciel selon son envie
Avance ou retarde mon sort,
Pourveu qu'il conserve sa vie,
Quand les destins voudront, je consens à
  ma mort.

TYRSIS.

Mais si touché de repentance
Par un heureux & prompt retour,
J'obligeois enfin ma constance
A reparer le tort qu'à souffert son amour;
Si Cloris se voyoit chassée
D'où tu regnois avec honneur,
Si son image retracée
Par cent traits immortels revivoit dans mon
  cœur.

SYLVIE.

Bien que mon Amant fasse honte
Au plus brillant Astre des Cieux,
Et quoy que ta fierté surmonte
La colere des flots les plus seditieux,
Je l'osterois de ma memoire

Pour

Pour me remettre ſous ta loy,
Et croirois que tout ma gloire,
Seroit de pouvoir vivre & mourir avec toy.

ELEGIE DE M. D. M.

B Elle & ſage Daphné merveille de nos jours,
Que toutes les vertus accompagnent toûjours,
Et qui connois ſi bien leur grace naturelle,
Que tu ne prens jamais leur phantôme pour elle
Illuſtre & chere Amie à qui dans mes malheurs
J'ay toûjours découvert mes ſecretes douleurs,
Qui ſçais ce qu'un mortel doit décrier ou crain-
dre,
Et qui ne blâme pas ce qu'on ne doit que
plaindre ;
Ecoute mes ennuys, ſoulagez-en le fais,
J'ay bien plus à te dire aujourd'huy que. jamais;
Et tes prudens conſeils tant de fois ſalutaires.
Ne me ſçauroient jamais eſtre plus neceſſaires:
Deffend ma liberté ma Daphné, je combas
Un Dieu dont j'ay ſouvent mépriſé les appas;
Qui laſſé de me voir inſenſible à ſes charmes,
A pris pour me ſervir ſes plus puiſſantes armes
Ha ! que je l'apprehende avec tant d'attraits,
C'eſt le jeune Tyrſis qui luy fournit de traits:
Tyrſis en qui reluit tout ce qui rend aymable,
Tyrſis de tous les cœurs le charme inévitable:
Et le Ciel trop prodige à verſer ſes treſors,
N'a que trop bien formé ſon eſprit & ſon corps;
Ce merite pourtant dont la force eſt ſi douce,
N'eſt pas le ſeul ſujet des ſoûpirs que je pouſſe;
Avec ces qualitez je l'aurois eſtimé,
Mais je n'aymerois pas s'il ne m'avoit aymé.
Pour tout autre que luy je ſerois inſenſible,

Fr

Luy seul pouvoir m'ofter le titre d'invincible;
Et je n'avois pas eû l'amour contagieux,
Lors que fans y penfer je le vis dans fes yeux ;
D'un peril fi charmant mon ame fut furprife,
Et dés ce premier jour craignit pour fa fran-
    chife
Mon courage orgueilleux alors fe démentit,
Et mon cœur foûpira des maux qu'il prefentit:
Il a par mille efforts tâché de fe deffendre,
Mais je fens bien qu'enfin il eft preft à fe rendre,
Et ma foible raifon dans ce mortel danger
Se trahit elle-méme, & fert à m'engager ;
Si mon repos t'eft cher, fi ma gloire t'eft chere,
En l'eftat où je fuis, dy moy, que dois-je faire?
Quand je verray Tyrfis plus fort que mon de-
    voir,
Me faudra-t'il refoudre à ceffer de le voir,
Et par une fierté dont le penfer me tüe,
Dois-je priver mes yeux d'une fi chere veüe ?
Mais, Daphné,
Je ne puis, ny ne veux l'arracher de mon cœur:
Helas ! en tous endroits tu fçauras que fans ceffe
Cét aimable garçon me tourmente & me preffe,
Les amours diligens à fervir fes defirs,
A toute heure, en tous lieux m'apportent fes
    foûpirs,
M'expliquent fes defirs, fes tranfports & fes
    craintes,
Et d'un air languiffant me redifent fes plaintes,
Enfin il fuit par tout la trace de mes pas,
Et je le treuve mefme où je ne le vois pas;
Quand je voyois encor difpofer de mon ame
Souvent dans le defir de furmonter ma flâme
J'évitois fes regards comme un charme fatal ;
Car on m'avoit bien dit qu'amour eftoit un mal,
              Mais

Mais aimable Daphné j'avois beau m'en de-
    fendre,
Ces subtils enchanteurs sçavoient bien me sur-
    prendre:
Et c'est ainsi qu'amour renversant mes projets,
Va reduire mon cœur au rang de ses sujets;
Dans un si triste estat qui me rend incertaine,
Ha que j'ay dit de fois en rêvant à ma peine:
Desirable repos, aymable liberté,
Unique fondement de la felicité,
Sans qui l'on ne vit pas, pour qui chacun sou-
    pire;
Faut-il donc qu'un Tyran usurpe vostre empire,
Qu'il me fasse oublier vos charmes les plus
    doux,
Et que les seuls tourmens me plaisent plus que
    vous:
Faut-il que je m'expose à ces esprits severes,
Qui ne connoissent pas les amoureux mysteres,
Et respandent sur tous leur venin dangereux,
Et ne sçauroient souffrir ce qu'on n'a pas pour
    eux,
Et qui pis est disois-je, helas si je m'engage,
Peut estre un jour Tyrsis infidelle & volage,
Fera dedans mon cœur naistre autant de soûpirs
Que j'auray pris de peine à flatter ses desirs:
On sçait de cent beautez les tristes avantures,
Et l'empire amoureux est remply de poig-
    nures;
Voy-là ce que j'oppose à ses plus doux poisons;
Mais l'amour est plus fort que toutes les raisons:
Le destin veut que j'aime, il faut le satisfaire,
Je ne resiste plus: las! que pourrois-je faire?
Ces Maistres des mortels, les Dieux luy cedent
    bien,

Tes conseils seroient vains : Daphné ne me dit
    rien,
Laiffez moy fouspirer, ma peine est fans remede,
Mon cœur est trop charmé du feu qui le possede
Une douce langueur occupe mes esprits,
Et perdant tout espoir, ma Daphné je te fuis,
Non pour chercher la fin de mon malheur ex-
    tréme,
Mais pour me satisfaire en te disant que j'aime,
Si tu blasmois un mal, où tu vois tant d'appas,
Plains une malheureuse & ne l'accuse pas.

F I N.

CPSIA information can be obtained at www.ICGtesting.com
Printed in the USA
BVOW04s2228131114

375100BV00022B/212/P